Carl-Auer

Systemische Pädagogik

Was treibt Menschen zum Lernen an? Was hält sie davon ab? Wie kann eine funktionierende Lehrer-Schüler-Eltern-Beziehung entstehen? Wie gelingen Erziehung und Bildung? Was sind Kompetenzen und wie lässt sich deren Reifung unterstützen? Wie fördert man Persönlichkeiten?

Diese und ähnliche Fragen stehen im Mittelpunkt der Systemischen Pädagogik. Das Ziel ist ein von wechselseitigem Respekt geprägter Umgang von Schülern, Lehrern, Erziehern und Eltern. Gemeinsames Lernen mit Zuversicht und Spaß, der Blick auf die Potenziale und Fähigkeiten – zwei Grundannahmen der Systemischen Pädagogik. Gleichzeitig ist sich die Systemische Pädagogik der Tatsache bewusst, dass Menschen lernfähig, aber unbelehrbar sind. Welche Konsequenzen sich daraus für gelingende Lern- und Bildungsprozesse für Lehrende bzw. Lernbegleiter ergeben, ist eine wichtige Zukunftsfrage der Systemischen Pädagogik.

Der Ansatz der Systemischen Pädagogik verbindet systemtheoretische Erkenntnisse, Sicht- und Handlungsweisen mit dem Forschungsstand und den Erkenntnissen der Erziehungswissenschaften und macht sie für den pädagogischen Alltag nutzbar. Auch im familiären Erziehungsalltag lässt sich systemisches Denken und Handeln gut nutzen, ohne Kinder zu disziplinieren oder ihnen mit Anpassungsforderungen zu begegnen. Selbstkritische und selbststeuerungsfähige Menschen benötigen sehr spezifische Möglichkeiten der Reifung und Auseinandersetzung beim Aufwachsen. Welche das sind und wie das gehen kann, zeigen anerkannte Therapeuten, Pädagogen und Berater in den Büchern dieser Reihe.

Prof. Dr. Dr. h. c. Rolf Arnold
Herausgeber der Reihe *Systemische Pädagogik*

Ben Furman

Lösungsorientiert Schule machen

Wie Unterrichten wieder mit mehr Freude gelingt

Aus dem Englischen
von Nicola Offermanns

2024

Themenreihe »Systemische Pädagogik«
hrsg. von Rolf Arnold
Reihengestaltung: Uwe Göbel
Umschlaggestaltung: Melanie Szeifert
Umschlagfoto: © Julia Alakulju
Redaktion: Anja Bachert
Satz: Drißner-Design u. DTP, Meßstetten
Printed in Germany
Druck und Bindung: CPI books GmbH, Leck

MIX
Papier | Fördert gute Waldnutzung
FSC® C083411
www.fsc.org

klimaneutral
Mehr Bäume.Weniger CO_2

Erste Auflage, 2024
ISBN 978-3-8497-0548-0 (Printausgabe)
ISBN 978-3-8497-8501-7 (ePUB)

Aus dem Englischen übersetzt von Nicola Offermanns

Bibliografische Information der Deutschen Nationalbibliothek:
Die Deutsche Nationalbibliothek verzeichnet diese Publikation
in der Deutschen Nationalbibliografie; detaillierte bibliografische
Daten sind im Internet über http://dnb.d-nb.de abrufbar.

Informationen zu unserem gesamten Programm, unseren Autoren
und zum Verlag finden Sie unter: **https://www.carl-auer.de/**
Dort können Sie auch unseren Newsletter abonnieren.

Carl-Auer Verlag GmbH
Vangerowstraße 14 • 69115 Heidelberg
Tel. +49 6221 6438-0 • Fax +49 6221 6438-22
info@carl-auer.de

Zu diesem Buch gibt es ausführliches Zusatzmaterial online:
https://courses.benfurman.com/enroll/2757755?price_id=3583881

Inhalt

Einführung

Seit den frühen 1980er-Jahren engagiere ich mich dafür, den Umgang von Schulen mit psychologischen Herausforderungen zu verbessern. Nach meinem Medizinstudium zog ich 1979 nach Lappland im Norden Finnlands und begann meine Tätigkeit als praktischer Arzt in einem medizinischen Versorgungszentrum. Eine meiner Aufgaben war die Tätigkeit als Schularzt. Dadurch lernte ich viel über die mannigfaltigen Herausforderungen, mit denen Lehrkräfte heutzutage konfrontiert sind. Als Schularzt freundete ich mich mit Tapio Hyttinen an, dem zuständigen Sonderschullehrer, der eine kleine Gruppe von Schülern[1] mit Verhaltensproblemen unterrichtete und später viele Jahre lang Schulleiter in verschiedenen Grundschulen war. Tapios unkonventionelle Art im Umgang mit seinen Schülern hat mich nachhaltig beeindruckt. Ich erinnere mich, wie er mich einmal gefragt hat, was man meiner Meinung nach mit Schülern machen solle, die sich in der Klasse aufspielen und den Unterricht stören. Ich antwortete, meines Wissens würden Lehrer solche Schüler normalerweise für eine gewisse Zeit vom Unterricht ausschließen. Tapio schmunzelte und sagte, er mache genau das Gegenteil: »Ich bitte die anderen Schüler, den Klassenraum ein Weilchen zu verlassen, damit ich mit dem Störenfried ein ernstes Gespräch unter vier Augen führen kann.« Ich staunte über Tapios Kreativität, und so war es kaum verwunderlich, dass ich sofort begeistert war, als ich viele Jahre später mit einer Version der Kurzzeittherapie in Berührung kam, die mich an Tapios Geschichten über seine Arbeitsweise erinnerte.

Als ich einige Jahre später nach Helsinki zurückkehrte, begann ich meine Facharztausbildung in Psychiatrie. Damals war die Psychoanalyse die vorherrschende Therapieform. Die meisten unserer Lehrbücher stammten von Psychoanalytikern, und fast alle Professoren – für Kinder- sowie Erwachsenenpsychiatrie gleichermaßen – waren psychoanalytisch ausgebildet. Auch ich hatte vor, Psychoanalytiker zu werden, aber zu der Zeit wehte schon ein frischer Wind durch die Szene der Psychotherapie. Die kognitive Verhaltenstherapie, die in den

1 Zur besseren Lesbarkeit verwende ich bei allgemeinen Personenbezeichnungen das generische Maskulinum. Selbstverständlich sind damit immer alle Geschlechter gemeint.

psychologischen Fakultäten der Universitäten entwickelt worden war, gewann an Popularität, und die Familientherapie – oder Systemische Therapie, wie sie heute meist genannt wird – war das »new kid on the block«. Systemische Therapie war so, wie ich sie erlernt habe, eher auf die Zukunft ausgerichtet als auf die Vergangenheit. Sie propagierte die Einbeziehung des sozialen Umfelds der Klienten und traute ihnen zu, dass sie – mit kleinen Hilfestellungen der Therapeuten – ihre eigenen Lösungen finden können.

Mitte der 1980er-Jahre erhielt ich einen Telefonanruf von einer allseits bekannten finnischen Nichtregierungsorganisation (NGO), der *Mannerheim League for the Child.* Die Organisation hatte beschlossen, eine einjährige Ausbildung in Kurzzeittherapie für Psychotherapeuten und Berater zu entwickeln, und sie baten mich, zusammen mit Tapani Ahola eine Lehrveranstaltung anzubieten. Ich war in der Welt der Systemischen Therapie immer noch ein Neuling, aber Tapani hatte schon reichlich Erfahrung gesammelt, da er als Leiter einer Rehabilitationsklinik für heranwachsende Drogenabhängige die Kurzzeittherapie bei Teenagern und ihren Familien einsetzte.

In den darauffolgenden Jahren bot die NGO jährliche Ausbildungen in Kurzzeittherapie an. Die Teilnehmer bildeten ein weites Spektrum von professionellen Helfern ab, darunter Ärzte, Krankenschwestern, Sozialarbeiter, Schulberater, Sonderschullehrer etc. Nicht selten gab es bei den Problemen, mit denen die Klienten zu uns kamen, einen Zusammenhang mit der Schule.

Etwa zu der Zeit beschlossen wir gemeinsam mit einigen der Entscheidungsträger in der NGO, Geschichten von Lehrkräften und anderem Schulpersonal zu sammeln, die in der Schule ähnliche Prinzipien wie die der Kurzzeittherapie anwenden, um dortige Probleme und Herausforderungen in den Griff zu bekommen. Das Projekt hieß sinngemäß »Keine Sündenböcke mehr«. Ein paar Jahre später erschien dazu ein Buch über praktische Lösungen für Schulprobleme.[2] Die vielen eingängigen Geschichten darin behandelten Themen wie Mobbing, destruktives Verhalten, Schuleschwänzen, Klassenatmosphäre, Lernschwächen, Leistungsdefizite und sogar Ladendiebstahl. Dies ist eine der inspirierenden Geschichten aus dem Buch, sie stammt von einem Sonderschullehrer:

---

2 Das Buch liegt nur im finnischen Original vor: *Koulun omat konstit – käytännön ratkaisuja koulun pulmatilanteisiin.* Mannerheim Kinderschutzverbund, Helsinki 1992.

In meiner Arbeit ist der allerbeste Helfer die Figur einer Ratte, die mein Schüler Tim vor ein paar Jahren gezeichnet hat. Da die Schüler mich oft gebeten haben, ihnen davon eine Kopie zu machen, entschloss ich mich, diese magische Kraft zu meinem Vorteil zu nutzen. Also versprach ich MATHIS, einem launischen Jungen, der sich für so gut wie gar nichts interessierte, ihm ein Bild der Ratte zu geben, wenn er im nächsten muttersprachlichen Test acht von zehn Punkten erreichen würde. Seine entsetzte Reaktion ignorierte ich, als er sagte: »Sind Sie verrückt? Solche Noten habe ich seit Jahren nicht mehr bekommen.«

Aber er war clever und stur, und eines Tages bekam er die Ratte.

Ich rollte das Bild der Ratte feierlich zusammen, steckte es in seinen Ranzen und verbot ihm, es im Schulgebäude herumzuzeigen und damit anzugeben, denn ich hätte nicht genug Exemplare, dass alle eins hätten bekommen können. Aber ich bat ihn, die Ratte zu Hause an einen würdigen Platz in seinem Zimmer aufzuhängen und sich immer an die erreichten acht Punkte zu erinnern, wenn er das Bild anguckte.

Es dauerte nicht lange, bis ein guter Freund von Mathis, der ähnlich drauf war, auch gierig darauf war, ein Bild der Ratte zu ergattern. Allerdings konnte er es kaum fassen, dass Mathis so eine gute Note bekommen hatte! Danach waren Lisa, Ruben, Memet und Jakob dran – und es war immer dasselbe: sieben oder acht von zehn Punkten …

Die Ratte war wirklich ein raffiniertes Biest. Auch wenn sie nur heimlich umherstreifte, zierte sie die Kinderzimmerwände von immer mehr kleinen Helden. Und inzwischen überrascht es mich kaum

> noch, wenn ein Schüler, den ich gar nicht kenne, zu mir kommt und die *Ratte* sehen will, denn ich weiß ja: Er meint damit nicht mich ...

Hier ist noch eine Geschichte aus demselben Buch:

> Die Lehrerin einer 6. Klasse war es allmählich leid, dass die Schüler sich ständig an sie wandten und bei jedem noch so kleinen Problem Hilfe brauchten. Sie wollte, dass die Schüler selbst mehr Verantwortung dafür übernehmen, ihre Probleme zu lösen.
>
> Die Klasse wurde immer wieder nach dem Zufallsprinzip in feste Gruppen von vier Schülern geteilt. Jede Gruppe war verantwortlich dafür, dass es allen Vieren gut geht. Wenn einer von ihnen ein Problem hatte, sollte er dies der Gruppe mitteilen. Dieses Team durfte dann während der Pause im Klassenzimmer bleiben, um über eine Lösung zu beraten. Anschließend erzählten sie der Lehrerin ihren Lösungsvorschlag. Das Team sollte sich auch beim Lernen gegenseitig unterstützen. Es stellte sich heraus, dass diese Methode der »Lösungsgruppen« gut funktionierte, und sie gehört seitdem in unserer Schule zum festen Repertoire.

Inzwischen sind drei Jahrzehnte seit dem Erscheinen des Buchs über die praktischen Lösungen für Schulprobleme vergangen, und die lösungsfokussierte Psychologie im Bildungskontext erfreut sich in vielen Ländern weltweit großer Beliebtheit. – So ist es nun an der Zeit, das Thema einer erneuten Betrachtung zu unterziehen.

Heutzutage bezieht sich der lösungsfokussierte Ansatz[3] nicht mehr nur auf eine Sammlung origineller und inspirierender Geschichten und Beschreibungen, wie Lehrer und andere Professionelle in Schulen es geschafft haben, dortige Herausforderungen auf kreative und unkonventionelle Weise zu meistern. Über die letzten Jahrzehnte hat sich das Fähigkeitsdenken in der Erziehung zu einem umfassenden pädagogischen Konzept entwickelt: Es wird in vielen Schulen und pädagogischen Einrichtungen in aller Welt verwendet und hat als Sprungbrett für die Entwicklung zahlreicher Tools und Methoden zur Lösung und Vorbeugung von schulischen Problemen gedient.

Mit diesem Buch möchte ich Sie damit vertraut machen, wie Sie

3 Die Begriffe »lösungsfokussierter Ansatz«, »Kompetenzansatz« oder »Fähigkeitsdenken« werden im vorliegenden Buch synonym verwendet (Anm. d. Ü.).

das Fähigkeitsdenken im erzieherischen Kontext anwenden können. Ich werde Ihnen dazu eine vielfältige Sammlung unterschiedlichster Hilfsmittel aus der lösungsfokussierten Pädagogik vorstellen – in der Hoffnung, nicht nur Ihr Interesse für diesen Ansatz zu wecken, sondern Sie auch dazu zu inspirieren, die beschriebenen Ideen in Ihren Schulalltag zu integrieren.

1 Verbesserung der Klassenatmosphäre

Die Klassenatmosphäre hat wahrscheinlich von allen Faktoren den größten Einfluss auf das Wohlergehen der Lehrkräfte. Eine schlechte Klassenatmosphäre behindert das Lernen, stört den Unterricht und kann den Lehrer bis zur völligen Erschöpfung unter Stress setzen. Ein gutes Klassenklima hingegen begünstigt die Lernprozesse ebenso wie die Arbeitszufriedenheit der Lehrer – hier macht das Unterrichten Spaß.

Man kann die Klassenatmosphäre schon durch einfache Spiele und Übungen verbessern – aber auch durch längerfristige und anspruchsvollere Projekte, in die alle Kinder einbezogen werden. In diesem Kapitel werde ich zunächst ein paar simple Übungen beschreiben, die die Beziehungen der Schüler untereinander verbessern, und anschließend drei etwas komplexere Methoden, mit denen wir eine gute Klassenatmosphäre fördern, die Kooperationsbereitschaft unter den Schülern stärken und die Zufriedenheit der Lehrkräfte erhöhen können.

Über Interessen sprechen

Teilen Sie die Klasse nach dem Zufallsprinzip in Gruppen von vier Schülern und geben Sie jeder Gruppe die folgende Anweisung:

> »Wählt eine Person aus eurer Gruppe aus, die anfangen soll. Diejenige erzählt der Gruppe von ihren Hobbys und speziellen Interessen. Das könnte z. B. sein, dass sie in einem Sportverein ist oder sich für bestimmte Comics interessiert – was auch immer es sein mag.«

Dann sind die anderen Gruppenmitglieder nach dem Uhrzeigersinn dran und stellen Fragen zu diesem Hobby bzw. Interesse.

> »Nehmen wir z. B. mal an, der Erste von euch sagt, dass er gerne Schach spielt. Dann könnte derjenige links davon fragen:
>
> ›Mit wem spielst du Schach?‹
>
> Der Nächste könnte fragen:

›Wo hast du das Schachspielen gelernt?‹

Und der Dritte:

›Was gefällt dir am Schachspielen?‹

Derjenige, der von seinen Interessen erzählt hat, antwortet kurz auf jede Frage. Das macht ihr drei Runden lang, sodass jeder insgesamt neun Fragen von der Gruppe bekommt.«

Bei dieser Übung steht jedes Gruppenmitglied einmal im Zentrum der Aufmerksamkeit. Das ehrlich gemeinte Interesse aneinander, das alle durch ihre Fragen zum Ausdruck bringen, gibt jedem das Gefühl, zur Gruppe dazuzugehören und von den anderen wertgeschätzt zu werden.

Lauschangriff auf gute Eigenschaften

Teilen Sie die Klasse wieder in Gruppen von vier Schülern auf und nummerieren Sie sie durch. Angenommen, es gibt fünf Gruppen und jede Gruppe bekommt eine Zielgruppe zugewiesen, dann ist Gruppe 2 die Zielgruppe von Gruppe 1, Gruppe 3 die Zielgruppe von Gruppe 2 usw., bis die letzte Gruppe wiederum mit Gruppe 1 arbeitet. Die Teams agieren als »Spione«, deren Aufgabe es ist, bei jedem Mitglied ihrer Zielgruppe positive Eigenschaften zu finden und diese Informationen auf einem Blatt Papier zu notieren, wobei sie für jedes einzelne Gruppenmitglied ein eigenes Blatt haben. Das könnten z. B. solche Informationen sein:

- Welche netten Eigenschaften hat diese Person?
- Was kann sie gut?
- Was kann sie anderen Schülern gut beibringen?
- Was habe ich oder jemand anderes von dieser Person gelernt?
- Wie hat diese Person sich anderen gegenüber nett verhalten?

Geben Sie den Schülern folgende Hinweise: Wenn es ihnen schwerfällt, bei einem Mitglied ihrer Zielgruppe etwas Positives zu entdecken – z. B., weil sie denjenigen nicht so gut kennen –, kann ein Mitglied des Teams losziehen und auf Entdeckungstour gehen, also die anderen Gruppen besuchen und die Schüler dort befragen, um ihnen Hinweise auf positive Eigenschaften der betreffenden Person zu entlocken.

Wenn alle Gruppen fertig sind und von jedem Mitglied ihrer Zielgruppe – gerne auch von Klassenkameraden, die an dem Tag aus welchem Grund auch immer gerade nicht anwesend sind – positive Informationen gesammelt und zu Papier gebracht haben, bitten Sie sie, die guten Eigenschaften aus ihren Notizen laut vorzulesen, ohne dabei zu benennen, um wen es geht. Nun darf die ganze Klasse mitmachen und (laut) raten, wer gemeint ist. Erst nachdem alle positiven Hinweise verkündet worden sind, darf die Identität der betreffenden Person enthüllt (bzw. bestätigt) werden. Abschließend geht derjenige, der vorgelesen hat, zu der betreffenden Person, händigt ihr das Dokument aus und gibt ihr ein Zeichen der Anerkennung – z. B. durch Abklatschen.

Himmel oder Hölle – ein Wahrsagespiel

»Himmel oder Hölle« ist ein einfaches Origami-Spiel, das man aus einem quadratischen Stück Papier faltet (s. Anleitung im Anhang). Man steckt seine Finger von unten in die vier Laschen und bittet den anderen, eine Zahl von 1–10 zu nennen. Angenommen, die Person sagt »fünf«, dann öffnet und schließt der »Wahrsager« das Papiergebilde mit seinen Fingern fünfmal und zeigt der anderen Person die geöffnete Innenseite. Er bittet sie, eine der vier sichtbaren von insgesamt acht Farben zu nennen. Sagen wir, die Person wählt die Farbe Blau, dann öffnet der Wahrsager die blaue Lasche und zeigt, was auf der Rückseite geschrieben oder gezeichnet ist.

Das Wahrsagespiel lässt sich in verschiedenen Varianten spielen, in unserem Fall dient es dazu, dass Schüler lernen, wie sie sich gegenseitig Komplimente machen können.

Geben Sie jedem Schüler ein Blatt Papier und die Faltanleitung für ein Himmel-oder-Hölle-Spiel, bei dem die inneren acht Laschen alle unterschiedliche Farben haben. Lassen Sie die Schüler auf die Rückseite dieser Laschen die folgenden Satzanfänge schreiben:

1) Was ich gerne mit dir zusammen mache, ist ...
2) Was ich an dir mag, ist ...
3) Mit dir würde ich gerne ...
4) Was ich gerne von dir lernen würde, ist ...
5) Mir gefällt deine ...
6) Du hast schöne ...
7) Es ist so witzig, wenn du ...
8) Lass uns einmal abklatschen!

Lassen Sie die Schüler dieses Spiel mit jedem ihrer Klassenkameraden spielen. Jedes Mal, wenn eine Lasche umgelegt und der Satz vorgelesen wird, vervollständigt der betreffende Schüler ihn mit seinen Worten.

Mit diesem Spiel gelingt es den Schülern, in einem geborgenen Setting zu üben und sich daran zu gewöhnen, wie man sich gegenseitig Komplimente machen kann.

Lob aus der Gerüchteküche

Zu Beginn dieses Projekts bringen Sie den Schülern bei, Origami-Sterne zu falten. Für diese Übung werden reichlich Sterne benötigt. Anleitungen zum Falten der Papiersterne finden sich im Internet.[4]

Wenn die Schüler einen ganzen Haufen Sterne fertig haben, leiten Sie sie dazu an, mindestens eine ganze Woche lang ein Spiel zu spielen, bei dem sie die Aufgabe haben, die Klassenkameraden zu beobachten und darauf zu achten, was sie im Verlauf des Schultags an guten Dingen tun – z. B., dass jemand höflich ist; dass er einem anderen hilft; dass er sich darum kümmert, den Klassenraum sauber zu halten; dass er einen Streit zwischen zwei anderen schlichtet oder sich gut auf seine Schularbeiten konzentriert. Halten Sie in der letzten Unterrichtsstunde ein bisschen Zeit für die Übung frei: Nun kommen die Schüler einzeln nach vorne und berichten vor der Klasse, was sie bei anderen beobachtet haben. Sagen Sie den Schülern, dass sie

4 Verfügbar z. B. unter https://youtu.be/co6sd1oWmYI.

danach gerne bei den betreffenden Mitschülern vorbeigehen und sie abklatschen können.

Damit die Schüler dieses Spiel über mehrere Tage durchhalten können, ist es wichtig, sie in irgendeiner Weise dafür zu belohnen, wenn sie ihre guten Beobachtungen vor der Klasse äußern. Hier kommen die Papiersterne ins Spiel. Stellen Sie vorne im Klassenzimmer eine große durchsichtige Schüssel auf und sagen Sie den Schülern, dass sie für jede gute Beobachtung, die sie vor der Klasse vortragen, einen Papierstern hineinlegen können. Wenn die Schüssel voll ist, gibt es für die gesamte Klasse irgendeine Belohnung. Diese Übung hilft den Schülern nicht nur, die Fähigkeit zu entwickeln, ihre Aufmerksamkeit auf das erwünschte Verhalten der Mitschüler zu richten, sondern auch eine andere Fähigkeit zu erlernen, nämlich dass sie dies öffentlich äußern und so dazu beitragen, eine Klassenatmosphäre zu schaffen, in der es sich besser lernen lässt und in der sich alle wohlfühlen können.

Im Folgenden werde ich Ihnen drei etwas aufwendigere Projekte vorstellen, die alle einen positiven Effekt auf die Klassenatmosphäre und das Wohlergehen der Lehrer haben.

Die WOWW-Methode

Das Akronym WOWW steht für »Working on what works« (»sich an das halten, was funktioniert«, Anm. d. Ü.). Die Methode wurde Anfang der Nullerjahre in Florida entwickelt. Insoo Kim Berg, die den lösungsfokussierten Ansatz mit begründet hat, war zu Besuch in Fort Lauderdale und traf sich zum Abendessen mit ihrem Kollegen Lee Shilts und seiner Frau. Lee ist Professor für Soziale Arbeit, und seine Frau Margaret ist Sonderschullehrerin, sie unterrichtete in ihrer Klasse Kinder mit unterschiedlichem Förderbedarf.

Beim Essen erzählte Margaret von ihrem stressigen Schultag und ein paar besonders krassen Verhaltensweisen einiger Schüler. Ihre Beschreibung der Vorfälle in der Schule führte zu einer Diskussion darüber, wie man verhaltensauffälligen Kindern in Schulen durch den Kompetenzansatz unter die Arme greifen könne. Am Ende des Abends verabredeten sie, dass Insoo und Lee am nächsten Tag Margarets Klasse einen Besuch abstatten würden, um sich selbst einen Eindruck von den Geschehnissen zu verschaffen und sich dann darüber auszutauschen, wie man mit den Kindern besser umgehen könnte.

Als sie am nächsten Morgen in die Klasse kamen, stellte Margaret sie den Schülern vor. Die beiden plauderten ein bisschen mit einem der schwierigsten Schüler in der Klasse, schnappten sich dann einen Stuhl in der hinteren Reihe und beobachteten stumm das Geschehen eine ganze Unterrichtsstunde lang, wobei sie sich Notizen machten. Gegen Ende der Stunde bat Margaret die Gäste, ihre Beobachtungen mit den Schülern zu teilen.

Insoo und Lee stellten sich gemeinsam vor die Klasse, blätterten in ihren Aufzeichnungen und trugen vor, was sie beobachtet hatten. Für die Schüler war es überraschend, dass sie das störende Verhalten, das es in der Stunde gegeben hatte, völlig ignorierten und sich stattdessen nur auf die Beobachtung von gutem Benehmen konzentriert hatten. Sie sagten zum Beispiel:

> »Uns ist aufgefallen, dass du – du heißt Micha, oder? – deinem Tischnachbarn geholfen hast, als er mit seiner Aufgabe nicht zurechtgekommen ist.«
>
> »Wie heißt du? Ach ja, Jenny. Als wir dich beobachtet haben, haben wir gemerkt, dass du an einem bestimmten Punkt frustriert warst, weil dir die Aufgabe schwerfiel, aber du hast nicht angefangen, andere zu stören. Du bist einfach für eine Weile von deinem Tisch aufgestanden und hast es geschafft, relativ schnell wieder zur Ruhe zu kommen.«
>
> »Lilly, du hast deiner Lehrerin geholfen, indem du drangegangen bist, als ihr Telefon mitten im Unterricht geklingelt hat.«
>
> »Wie war noch mal dein Name? Ja, Leon, du hast dein Buch genommen und warst drauf und dran, deinen Tischnachbarn damit zu hauen, aber du hast es nicht gemacht. Du hast dein Buch stattdessen einfach wieder auf den Tisch gelegt.«

Die Schüler hörten still und gebannt zu. Sie waren es gewohnt, von den Lehrern negatives Feedback für ihr Verhalten zu bekommen, und daher verwunderte es nicht, dass sie angesichts der positiven Rückmeldung von Insoo und Lee völlig sprachlos waren.

Als die beiden jeden einzelnen Schüler gelobt hatten, fuhren sie fort, indem sie die Schüler baten, ihr eigenes Verhalten als Klasse auf einer Skala von 1–10 zu bewerten:

> »Wenn 10 bedeutet, dass dies die beste Klasse in Florida ist, und 1 bedeutet, es ist die schlimmste Klasse in Florida, welche Note würdet ihr euch selbst für diese letzte Unterrichtsstunde geben?«

Die Schüler urteilten unterschiedlich, aber am Ende einigte sich die Klasse darauf, dass sie etwa bei 6 lagen. Diese kollektive Benotung löste eine Diskussion darüber aus, wie die Schüler dafür sorgen könnten, dass sie bei 6 bleiben, und was sie möglicherweise auch tun könnten, wenn sie ihre Einschätzung von 6 auf 7 erhöhen wollen.

Der Besuch in Margarets Klasse war für die beiden die Initialzündung für ein Projekt, das auch in anderen Klassen derselben Schule durchgeführt wurde und eine Methode etablierte, die die Lehrer dort »Working on what works« nannten.

WOWW basiert auf der Idee, dass ein außenstehender Beobachter die Klasse ein paar Male wöchentlich besucht und sowohl die Schüler als auch die Lehrkräfte beobachtet. Diese Person ignoriert unangemessenes Verhalten und fokussiert stattdessen nur darauf, Anzeichen für gutes Benehmen zu sammeln – wie etwa, anderen zu helfen, bei Provokationen ruhig zu bleiben, sich selbst wieder zu beruhigen, bei der Sache zu bleiben, Klassenkameraden um Hilfe zu bitten oder das Klassenzimmer sauber zu halten. Neben dieser regelmäßigen Beobachtung positiver Dinge bewerten die Schüler ihr eigenes Verhalten auf einer Skala von 1–10 und denken darüber nach, wie sie es noch verbessern können.

Die WOWW-Methode hat schnell Wirkung gezeigt. Die Schulleitung war so beeindruckt von dieser neuen Wundermethode, dass sie bald in zahlreichen Klassen und sogar an anderen Schulen genutzt wurde. Sie wurde bei erziehungswissenschaftlichen Konferenzen vorgestellt, war Gegenstand wissenschaftlicher Artikel, und es wurden sogar Ergebnisstudien durchgeführt. In den folgenden Jahren hat sich die Methode in vielen Ländern weltweit verbreitet. Aber trotz der bemerkenswert positiven Ergebnisse hat sich die Methode nicht in dem Maße durchgesetzt, wie man es vermutet hatte, als sie entwickelt wurde. Einige lösungsfokussierte Therapeuten weltweit wenden sie an, aber laut einer kürzlichen Google-Recherche hat sie im Bereich der Pädagogik noch keine breite Anerkennung gefunden. Das liegt wahrscheinlich daran, dass es gar nicht so leicht ist, Beobachter zu finden, die die Zeit und Geduld haben, wiederholte Male in Klassenzimmern zu sitzen und die Schüler einfach nur zu beobachten, ihren

Fokus selektiv auf positives Verhalten zu richten und die Klasse für ein Projekt zur Verbesserung der Klassenatmosphäre zu gewinnen.

Die erstaunlichen Erfolge der WOWW-Methode warfen interessante Fragen auf. Es entstand der Eindruck, dass es zum konventionellen Klassenzimmermanagement – das sich üblicherweise auf Belohnung und Bestrafung stützt – wirksame Alternativen gibt. Die Haltung, auf das positive Schülerverhalten zu achten und die Schüler zu motivieren, dass sie ihre Klassenatmosphäre verbessern können, scheint besser zu funktionieren.

Das Projekt »Meisterklasse«

Im Gespräch mit Lehrern darüber, wie man einzelnen Kindern helfen kann, unterschiedlichste Herausforderungen mit dem Fähigkeitsdenken zu meistern, bin ich in all den Jahren immer wieder gefragt worden, ob man den Ansatz in irgendeiner Form auch mit einer ganzen Klasse anwenden kann.

> »Ich kann mir vorstellen, dass man mit dem Kompetenzansatz einzelnen Schülern bei ihren Schwierigkeiten helfen kann, aber in meiner Klasse habe ich 28 Schüler, von denen viele Probleme haben. Ich schaffe es allein zeitlich nicht, alle individuell in der Form, die Sie beschrieben haben, zu unterstützen. Gibt es da ein ähnliches Verfahren, wie ich mit der ganzen Klasse arbeiten kann?«

Maiju Ahola, die Tochter meines langjährigen Kollegen Tapani Ahola, studierte Grundschulpädagogik in den 1990er-Jahren, und in ihrer Masterarbeit beschrieb sie ein lösungsfokussiertes Projekt, das sie mit einer Grundschulklasse durchgeführt hatte. Das Projekt hieß »Die Suche nach der Meisterklasse« und war ein spielerisches Verfahren, wie Schüler wichtige soziale Fähigkeiten erlernen können.

Das ursprüngliche Projekt *Meisterklasse* war relativ komplex und für die Lehrkräfte ziemlich aufwendig. In den 2010er-Jahren habe ich in Zusammenarbeit mit Lehrern einer Grundschule in Helsinki eine einfachere Variante der *Meisterklasse* entwickelt.

Dieses Projekt beginnt damit, dass die Lehrkraft die Schüler fragt, ob sie Lust auf eine Herausforderung haben. Bei erfolgreicher Durchführung des Projekts wird ihnen eine Belohnung im Rahmen einer Feier und ein internationales Zertifikat in Aussicht gestellt. Um sich der Herausforderung zu stellen und an dem Projekt teilzunehmen, brauchen die Schüler die Erlaubnis der Schulleitung, dafür müssen sie einen schriftlichen Antrag an den Direktor stellen.

Wenn die Klasse die Zustimmung der Schulleitung bekommen hat, erklärt die Lehrkraft die zwei Phasen des Projekts. Die erste Phase dient zur Vorbereitung für die zweite, die dann deutlich anspruchsvoller wird. In der ersten Phase soll die Klasse eine kollektive Fähigkeit auswählen, in der es Verbesserungsbedarf gibt, und dann sollen die Schüler sich 2–3 Wochen gegenseitig darin helfen, diese Fähigkeit einzuüben, bis sich alle einig sind, dass die Klasse insgesamt gut darin geworden ist. Um sicherzustellen, dass sich alle Schüler die entsprechende Fähigkeit aneignen, unterteilt der Lehrer die Klasse in »Fähigkeiten-Teams«, die aus drei bis vier Schülern bestehen und in denen sich die Schüler gegenseitig unterstützen.

Damit die Klasse sich auf eine gemeinsame erforderliche Fähigkeit einigt, gibt es sechs Karten, auf denen jeweils eine Fähigkeit abgebildet ist, für die sie sich entscheiden können. Die sechs Optionen sind:

1) **Den Schulranzen packen:** Dies ist die Fähigkeit sicherzustellen, dass die Schulranzen für den nächsten Tag richtig gepackt sind, sodass nichts fehlt und alle Schüler die nötigen Bücher, Hefte und anderen Lernmaterialien dabeihaben.
2) **Den Lehrern zuhören:** Diese Fähigkeit besteht darin, dass in der Klasse Ruhe herrscht und alle aufmerksam zuhören, wenn die Lehrkraft etwas erklärt oder ansagt.
3) **Zur Ruhe kommen:** Das ist die Fähigkeit, sich schnell auf den Unterricht einzustellen. In manchen Klassen dauert es sehr lange, bis die Schüler zur Ruhe kommen und der Lehrer mit dem Unterricht beginnen kann. Dies ist eine wichtige kollektive Fähigkeit, die Schüler dringend lernen müssen.
4) **Sich durch Handzeichen melden:** Dies ist die Fähigkeit, die Hand zu heben, wenn man im Unterricht etwas sagen möchte, und dann geduldig zu warten, bis der Lehrer einen drannimmt.
5) **Hausaufgaben erledigen:** Es geht um die Fähigkeit, seine Hausaufgaben zu erledigen und dafür zu sorgen, dass alle Schüler in der Klasse wissen, was sie aufbekommen haben.
6) **Streit schlichten:** Wenn Schüler miteinander in Streit geraten, brauchen sie oft die Hilfe eines Lehrers, um den Konflikt zu

lösen. Hier geht es um die Fähigkeit, dass die Schüler ihre alltäglichen Streitereien selbst untereinander lösen, ohne Lehrer einzubeziehen.

Wenn die Schüler sich für eine Fähigkeit entschieden haben, die sie gemeinsam als Klasse lernen möchten, leitet der Lehrer die Fähigkeiten-Teams dazu an, wie sie sich dabei gegenseitig unterstützen können. »Unterstützen« bedeutet in diesem Falle, dass sie einander loben, wenn sie die Fähigkeit unter Beweis stellen, und sich gegenseitig freundlich an die Aufgabe erinnern, wann immer es nötig ist.

Wenn Schüler und Lehrer sich nach ein paar Wochen einig sind, dass die Klasse die Fähigkeit beherrscht (oder zumindest ausreichenden Fortschritt gemacht hat), beginnt die zweite, etwas anspruchsvollere Phase des Projekts. Nun präsentiert die Lehrkraft den Schülern einen Stapel von Karten, auf denen 22 Fähigkeiten abgebildet sind. Sie bittet alle Schüler, sich eine davon als persönliches Projekt auszusuchen – also die Fähigkeit, die sie erlernen oder verbessern wollen. Unter den 22 Vorschlägen sind ganz basale, soziale Fähigkeiten wie: sich entschuldigen; um Hilfe bitten; Hilfe anbieten; für jemanden einstehen, der gemobbt wird; Fehler zugeben; geduldig Schlange stehen; ein Nein akzeptieren; anderen Komplimente machen; anderen Mut machen und mit Witz und Schlagfertigkeit auf Beleidigungen reagieren.

Die zweite Phase des *Meisterklasse*-Projekts dauert 4–5 Wochen, manchmal sogar länger. Während dieser Zeit helfen und ermutigen sich die Schüler gegenseitig in ihren Fähigkeiten-Teams und bewerten den Fortschritt in regelmäßigen Treffen, in denen der Fokus auf den Verbesserungen liegt.

Wenn sich alle einig sind, dass die Schüler ihre Fähigkeiten erlernt haben (oder ausreichend weit gekommen sind), kann die Klasse ihre Errungenschaft feiern. Wenn die Eltern zu der Feier eingeladen werden, kann der Lehrer die Schüler bitten, ihnen zu erzählen, welche Ziele sie sich gesetzt haben und wie sie sich dabei gegenseitig unterstützt haben. Im Rahmen der Feier bekommt die Klasse das *Meisterklassen*-Zertifikat.

Während ich dies schreibe, ist das Projekt *Meisterklasse* bereits in vielen Ländern weltweit etabliert, darunter Finnland, Schweden, Deutschland, Schweiz, Russland und China. Die Wirksamkeit der Methode ist wissenschaftlich belegt, und die Ergebnisse zeigen, dass das Projekt sich sowohl auf die Klassenatmosphäre als auch auf die Befindlichkeit und Arbeitszufriedenheit der Lehrer günstig auswirkt.

Die »Nurtured heart«-Methode

Den *Nurtured-heart*-Ansatz hat der amerikanische Kinder- und Familientherapeut Howard Glasser in den 1990er-Jahren entwickelt. Die Methode sollte ursprünglich Kindern mit auffälligem und aggressivem Verhalten helfen – Glasser nannte sie »intensive Kinder«. Es war ursprünglich ein Ansatz, um Eltern und anderen an der Kinderbetreuung beteiligten Personen einfache, praktische Methoden an die Hand zu geben, mit denen man Kinder zur besseren Mitarbeit bewegt und ihnen dabei hilft, ihr Verhalten zu ändern. In den letzten Jahren hat diese Vorgehensweise immer weitere Beachtung gefunden, und heutzutage wird sie weltweit in vielen Schulen eingesetzt. Die *Nurtured-heart*-Methode ähnelt dem Fähigkeitsdenken sehr. Auch sie basiert auf der Annahme, dass Kinder tief im Innersten wirklich lernen wollen, wie man sich gut benimmt, und wenn man sie darin unterstützen will, ist es besser, ihr erwünschtes Verhalten zu fördern, statt auf die Vermeidung des unerwünschten Verhaltens hinzuarbeiten.

Nurtured heart betont, wie wichtig die Beziehung zwischen Eltern bzw. Erziehern und dem Kind ist. Alle Methoden, die dabei auf die Beeinflussung kindlichen Verhaltens abzielen, sind dergestalt, dass sie einen positiven Einfluss auf die Beziehung zwischen Kind und Betreuenden ausüben. Diese Beziehung ist ein bedeutender Faktor, um das Kind zu motivieren, dass es die Fähigkeit zur Selbstregulierung verbessern kann. Die drei wichtigsten Prinzipien des Ansatzes sind meinem Verständnis nach:

1) **Minimale Aufmerksamkeit auf das unerwünschte Verhalten:** Wir sollten das unerwünschte Verhalten der Kinder nicht bestärken, indem wir ihm unsere Aufmerksamkeit schenken.
2) **Maximale Aufmerksamkeit auf das erwünschte Verhalten:** Wir sollten die Kinder anregen und dazu ermutigen, das erwünschte Verhalten an den Tag zu legen. Wenn es ihnen gelingt, sollten wir ihnen dann unsere positive Aufmerksamkeit schenken und ihnen dadurch zu verstehen geben, dass wir sie sehr schätzen.
3) **Klare Regeln und die Gelegenheit, aus Fehlern zu lernen:** Wir sollten dafür sorgen, dass Kinder wissen, auf welche Regeln

sich beide Seiten geeinigt haben, und dass wir sie bei Nichteinhaltung nicht bestrafen werden, sondern ihnen eine Chance geben, es wiedergutzumachen und aus den Fehlern zu lernen.

In einem Video lässt sich am besten veranschaulichen, wie die Methode *Nurtured heart* in Schulen eingesetzt wird – so können Sie gut selbst erkennen, wie Lehrer die Methode im täglichen Umgang mit den Kindern einsetzen. Sie finden im Anhang einen Link zu dem Youtube-Video »A better way«.

2 Die Arbeit mit einzelnen Schülern

Eine Klassenlehrerin beschrieb das Verhalten ihres Schülers wie folgt:

> In meiner Klasse gibt es einen 10-jährigen Jungen, der sich im Unterricht so benimmt, als wäre er viel jünger. Er schwatzt die ganze Zeit und redet immer rein, ohne sich zu melden. Ich habe dieses Schuljahr schon ein paar Einzelgespräche mit ihm geführt. Dabei schien er immer froh darüber, mit mir zu sprechen, aber was wir vereinbart hatten, hatte keinerlei Auswirkung auf sein Verhalten.
>
> In unserer Schule gibt es viele solche Schüler. Ich habe den Eindruck, dass sie sich nach Aufmerksamkeit sehnen und es ihnen schwerfällt, sich an die an unserer Schule herrschenden Regeln zu halten. Ich habe auch mit den Eltern des Jungen über sein Benehmen gesprochen. Sie haben Verständnis für die Situation und haben die Sache mit ihrem Sohn zu Hause besprochen, aber das hat überhaupt nichts gebracht.

Wie soll man mit solchen Schülern in einer Art und Weise sprechen, die sie dazu motiviert, ihr Verhalten zu ändern? Der Kompetenzansatz hält ein paar nützliche Tipps bereit, wie man die Wahrscheinlichkeit erhöhen kann, dass solche Gespräche auch Früchte tragen.

Erfolgreiche Gesprächsinterventionen in 6 Schritten

Wenn Sie die folgenden Punkte beachten, steigt die Chance, dass Ihre Gespräche mit Schülern über deren Verhalten von Erfolg gekrönt sind.

Schritt 1: Stellen Sie zunächst einen positiven Kontakt zu dem Schüler her!

Sorgen Sie erst einmal für eine gute Gesprächsgrundlage und schaffen Sie eine respektvolle und wohlwollende Atmosphäre für die Begegnung – z. B., indem Sie sich bei dem Schüler für etwas bedanken, das er getan hat, indem Sie ihm positives Feedback für seine Leistungen geben oder ihm einfach vermitteln, dass Sie sich für ihn und seine Hobbys interessieren.

Geben Sie Schülern die Gelegenheit zu äußern, wer sonst noch an dem Gespräch teilnehmen soll. Was auch immer Sie bei ihrem

Treffen vereinbaren, wird umso eher eingehalten, wenn noch andere dabei anwesend waren.

»Sollen wir uns nur zu zweit unterhalten, oder möchtest du einen deiner Freunde mitbringen?«

»Du bist mit Daniel befreundet, oder? Kannst du ihn zu dem Gespräch mitbringen?«

»Ich hätte gerne, dass Frau Braun, unsere Beratungslehrerin, bei unserem Gespräch morgen dabei ist. Bist du damit einverstanden?«

Es ist sehr entscheidend, wie Sie das Gespräch eröffnen. Üblicherweise richtet sich der Fokus in Gesprächen über das Verhalten von Schülern unmittelbar auf die Probleme. Eine einfühlsamere und sicherlich effizientere Art des Einstiegs ist es, sich erst mal etwas Zeit zu nehmen, um über Dinge zu sprechen, die gut funktionieren, bevor man dann über verbesserungswürdige Themen spricht.

»Du hast dich in diesem Halbjahr schon in vielen Bereichen verbessert. Deine Noten in Mathe sind besser geworden, und du bist nicht mehr so oft zu spät gekommen wie im Herbst. Das ist jetzt in Ordnung. Aber es gibt noch eine Sache, auf die du noch mehr achten solltest. Ich hätte gerne, dass du …«

Schritt 2: Reden Sie eher über das erwünschte Verhalten, das Sie in Zukunft sehen möchten, statt über das Verhalten, das künftig vermieden werden soll!

Schülern fällt es leichter, mit Ihnen darüber zu sprechen, welches Verhalten Sie in Zukunft von ihnen sehen wollen, als darüber, wie sie sich in der Vergangenheit benommen haben. Fragen Sie nicht: »Warum kommst du jeden Tag zu spät?«, sondern teilen Sie dem Schüler mit, dass Sie es sehr schätzen würden, wenn er von jetzt an jeden Tag pünktlich zur Schule käme.

Schritt 3: Um den Schüler zu einer Verhaltensänderung zu bewegen, sprechen Sie über die Vorzüge des erwünschten Verhaltens, statt die negativen Konsequenzen des schlechten Benehmens aufzulisten!

Viele Menschen versuchen, andere zu einer Änderung ihres Verhaltens zu bewegen, indem sie all die negativen Konsequenzen betonen, die das unerwünschte Verhalten mit sich bringt. Aber diese Strategie funktioniert nicht gut, weil sie die Schüler dazu drängt, sich für ihr schlechtes Benehmen zu rechtfertigen, andere zu beschuldigen oder die entstehenden Probleme herunterzuspielen. Es ist viel besser, die erwartbaren Vorzüge zu besprechen, die das erwünschte Verhalten mit sich bringt. Wenn Schüler sich der tatsächlichen Vorteile eines bestimmten Verhaltens bewusst werden, wächst ihr Interesse, sich dieses auch anzueignen.

Schritt 4: Helfen Sie dem Schüler, sich zu überlegen, wie andere ihm beim Einüben des angestrebten Verhaltens helfen können!

Niemandem fällt es leicht, sein Verhalten zu ändern. Aber die Chance auf Erfolg steigt, wenn andere Menschen Bescheid wissen, was der betreffende Schüler vorhat, und wenn sie ihn dabei unterstützen können. Diese Hilfestellung kann unterschiedlichste Formen annehmen: zum Beispiel, indem man bekräftigt, dass die Veränderung wirklich wünschenswert ist; oder indem man den Schülern Mut macht; nützliche Ratschläge anbietet; die Schüler an ihr Vorhaben erinnert oder ihnen in irgendeiner anderen Weise unter die Arme greift.

Fragen Sie den Schüler, in welcher Form er von Ihnen, von anderen Lehrern, seinen Eltern oder auch von Klassenkameraden unterstützt werden möchte.

Schritt 5: Machen Sie dem Schüler Hoffnung, dass er das erwünschte Verhalten auch lernen kann!

Um Hoffnung zu erzeugen, können Sie z. B. sagen:

»Ich bin mir sicher, dass du das kannst.«

»Ich glaube, du wirst das schaffen.«

Aber so eine einfache zuversichtliche Äußerung reicht noch nicht aus. Sie müssen dem Schüler auch erklären, warum Sie so optimistisch sind, z. B. so:

»Mir ist aufgefallen, dass du jemand bist, der Dinge ganz schnell durchzieht, wenn du dich erst mal dafür entschieden hast.«

»Ich hab gesehen, dass du das kannst. Du hast alle Voraussetzungen dafür.«

»Wenn ich mit dir rede, habe ich den Eindruck, dass dir das sehr wichtig ist.«

Wenn Sie dem Schüler vermitteln können, auf welchen Beobachtungen Ihre Einschätzung beruht, werden Sie ihn eher zuversichtlich stimmen können.

Schritt 6: Beenden Sie das Gespräch in einer wertschätzenden Weise!

Treffen Sie gemeinsam mit dem Schüler eine Vereinbarung:

»Was denkst du? Ich sag dir, was mein Vorschlag wäre, aber vielleicht hast du noch eine bessere Idee. Was würdest du vorschlagen, was du dir vornehmen willst?«

Vereinbaren Sie auch, wie der Schüler an seine Aufgabe erinnert werden möchte:

»Was wir vereinbart haben, klingt sehr gut, aber um realistisch zu bleiben, müssen wir davon ausgehen, dass du manchmal nicht an unsere Verabredung denkst. Ist es okay, dass wir dich daran erinnern, wenn du es mal vergisst? Wie sollen andere dich in einer solchen Situation darauf aufmerksam machen?«

Vereinbaren Sie auch ein weiteres Treffen:

»Ich schlage vor, dass wir uns in einer Woche noch mal kurz treffen, um zu sehen, ob unser Plan funktioniert. Was meinst du? Bist du damit einverstanden?«

Bedanken Sie sich am Ende des Gesprächs dafür, dass der Schüler bereit war, mit Ihnen zu sprechen:

»Ich weiß es zu schätzen, dass du dich darauf eingelassen hast, mit mir über diese Dinge zu sprechen. Ich finde, dass es ein gutes Gespräch war. Und du? Wie war dein Eindruck?«

Die drei Häuser

Ich habe einen Fragebogen mit drei Feldern in Form von Häusern erstellt, anhand dessen Sie Gespräche mit Schülern nach den oben beschriebenen Prinzipien durchführen können. Er ist eine Abwandlung der Drei-Häuser-Interviewmethode mit Kindern, die ein fester Bestandteil des »Signs of Safety«-Ansatzes zum Kinderschutz ist.

Die ursprüngliche Version des Interview-Tools mit den drei Häusern besteht aus 1) dem Haus der Sorgen für Informationen über Ängste und Befürchtungen des Kindes, 2) dem Haus der guten Dinge, in das man Informationen über Dinge eintragen kann, mit denen das Kind zurzeit glücklich und zufrieden ist, und 3) dem Haus der Träume, in das geschrieben wird, welche Ziele, Wünsche und Hoffnungen das Kind für die Zukunft hat.

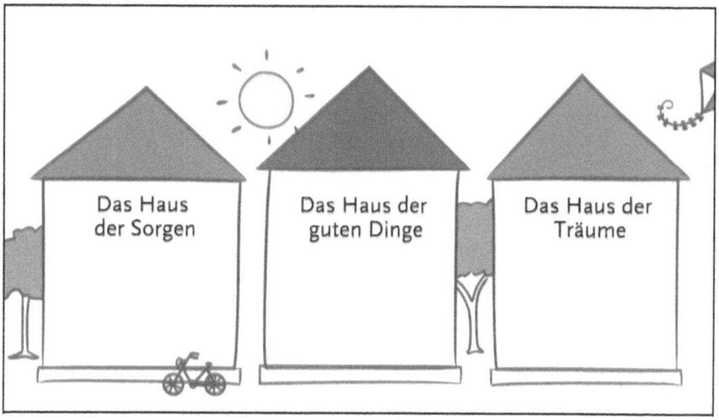

Meine modifizierte Version besteht auch aus drei Häusern: 1) dem Haus der Stärken und Ressourcen, 2) dem Haus der Ziele und Fähigkeiten und 3) dem Haus der Unterstützung.

Das Haus der Stärken und Ressourcen

Eröffnen Sie das Gespräch, indem Sie mit dem Schüler über seine Stärken und Ressourcen reden, und tragen Sie diese Punkte in das erste Haus ein. Sie können etwas über die Stärken des Schülers herausbekommen, indem Sie z. B. nach seinen Hobbys und Vorlieben fragen, nach Eigenschaften, die andere an ihm loben, nach Fähigkeiten und Neigungen, speziellen Begabungen und so weiter.

Das Haus der Ziele und Fähigkeiten

Nachdem Sie ein paar Punkte in das erste Haus eingetragen haben, gehen Sie zum zweiten Haus über und beginnen Sie, indem Sie besprechen, welche Fähigkeiten der Schüler lernen oder verbessern müsste, um in der Schule oder im Umgang mit anderen besser klarzukommen. Helfen Sie ihm dabei, ein paar persönliche Ziele zu formulieren. Schreiben Sie keine Probleme in dieses Haus. In diesem Kasten sollen nur notwendige Fähigkeiten und Ziele stehen bzw. erwünschtes Verhalten, das das Kind sich aneignen soll.

Das Haus der Unterstützung

Wenn Sie die ersten beiden Kästen ausgefüllt haben, bitten Sie den Schüler, sich eines der genannten Ziele auszuwählen, an dem er arbeiten möchte. Wenn er seine Wahl getroffen hat, tauschen Sie sich darüber aus, wie Sie und andere Personen – jeder auf seine Weise – den Schüler auf diesem Weg unterstützen können. Durch dieses Gespräch, das den Fokus auf ein Helfernetzwerk richtet, bekommt der Schüler einen Plan an die Hand, wie er sein Ziel erreichen kann.

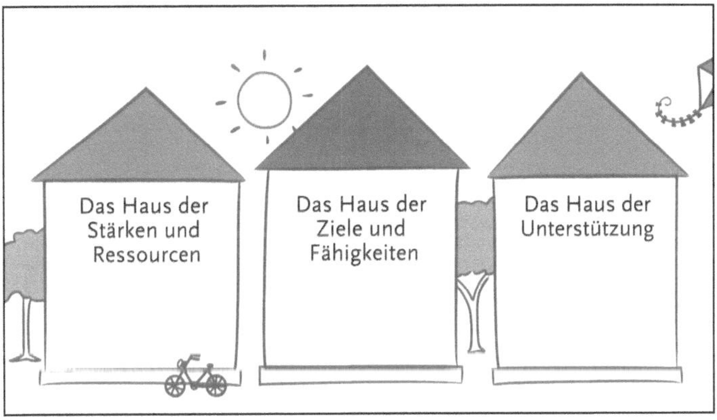

Chatbot als Kommunikationshilfe

Vor vielen Jahren erzählte mir auf einer Konferenz für lösungsfokussierte Psychologie eine dänische Schulpsychologin, dass sie eine Methode entdeckt hatte, die ihr half, mit Teenager-Jungs gut ins Gespräch zu kommen, obwohl diese oft den Mund nicht aufbekommen und die Fragen nur mit größter Schwierigkeit beantworten können. Sie hatte gemerkt, dass es den Jungs viel leichter fiel zu antworten, wenn nicht sie selbst den Teenagern die Fragen stellte, sondern wenn sie sie in den Computer eintippte und die Jugendlichen sie vom Bildschirm ablesen konnten.

Dieses Setting, bei dem sich Psychologen und Jugendliche nicht gegenübersitzen, sondern nebeneinander vor dem Computer und die Fragen eine nach der anderen auf dem Bildschirm auftauchen, brachte eine enorme Erleichterung und erlaubte es dem Therapeuten, eher die Rolle eines Unterstützers einzunehmen, der den jungen Menschen hilft, passende Antworten auf die im Computer gestellten Fragen zu finden.

Diese Geschichte hat mich so inspiriert, dass ich beschloss, meine dürftigen Programmierfähigkeiten zu bemühen, und ein Computerprogramm erstellte, das die lösungsfokussierten Fragen eine nach der anderen auflistet und den Benutzer auffordert, seine Antworten in den Kasten darunter zu schreiben. Das Programm ist so gestaltet, dass es die Antworten für eine gewisse Zeit speichert, sodass man nach Beantwortung aller Fragen noch einmal die gesamte »Konversation« präsentiert bekommt und sie sich für später abspeichern kann.

Inzwischen habe ich noch eine Reihe weiterer ähnlicher Apps erstellt, die alle auf meiner Website verfügbar sind: www.benfurman.com/selfhelper.

Wenn Schüler sich stur stellen

Viele Lehrer empfinden es als Herausforderung, mit Schülern zu sprechen, die nicht zu den vereinbarten Treffen kommen, die die Fragen nicht oder allenfalls sehr einsilbig beantworten – z. B. mit »Weiß ich nicht«, »Keine Ahnung« oder »Ist mir doch egal«.

Ich habe Ihnen ein paar Tipps zusammengestellt, mit denen Sie das Risiko minimieren können, in eine Situation zu geraten, in der Schüler das Gespräch mit Ihnen verweigern oder alle Fragen im Sinne von »Weiß ich nicht« beantworten.

Tipp 1: Formulieren Sie die Einladung zum Gespräch auf respektvolle Weise!

Vermitteln Sie dem Schüler, warum Sie mit ihm sprechen möchten bzw. wer Sie gebeten hat, Kontakt aufzunehmen. Sagen Sie ihm, was Sie sich von dem Gespräch versprechen, z. B. so:

> »Ich habe heute mit deiner Mutter telefoniert, und sie hat mich gebeten, mit dir über die Schule zu reden. Ich fände das auch sinnvoll. Wärst du einverstanden, dich morgen in der Mittagspause mit mir zu unterhalten?«

> »Ich habe den Eindruck, dass dein Interesse an schulischen Dingen in der letzten Zeit nachgelassen hat. Wärst du bereit, dass wir darüber sprechen, wie du dich wieder mehr für die Schule einsetzen kannst?«

Tipp 2: Bieten Sie dem Schüler an, jemanden mitzubringen!

Gespräche mit Schülern gelingen besser, wenn sie einen Freund oder eine andere nahestehende Person mitbringen dürfen. Ich erinnere mich an eine Sozialarbeiterin, die langjährige Erfahrung in der Arbeit mit schwierigen Heranwachsenden hatte. Sie erzählte mir, dass sie den jungen Menschen immer anbietet, einen oder mehrere Freunde als Unterstützung zu den Treffen mitzubringen. Die Anwesenheit von gleichaltrigen Helfern erleichtert den Gesprächsverlauf und sorgt für einen offeneren und eher erfolgversprechenden Umgang.

Tipp 3: Lassen Sie den Schüler erzählen, wie er diese Art von Gesprächen bisher erlebt hat!

Wenn sich der Schüler weigert, mit Ihnen zu sprechen, liegt das möglicherweise daran, dass er schlechte Erfahrungen im Gespräch mit anderen Erwachsenen gemacht hat.

> »Hast du früher schon mal solche Treffen gehabt? Wie hast du diese Gespräche empfunden?«

Wenn der Schüler Ihnen von schlechten Erfahrungen in der Vergangenheit berichtet, könnten Sie z. B. sagen:

»Danke, dass du mir das erzählt hast. Lass uns zusehen, dass wir das in diesem Gespräch jetzt besser hinbekommen.«

Tipp 4: Eröffnen Sie das Gespräch, indem Sie mit dem Schüler über seine Stärken und Ressourcen sprechen!

Die Bereitschaft zur Mitarbeit wächst, wenn Sie zu Beginn des Gesprächs unproblematische Dinge wie Hobbys und die Interessen des Schülers thematisieren.

Tipp 5: Finden Sie heraus, was für den Schüler aus seiner Sicht ein gutes Ergebnis des Gesprächs wäre!

Schüler beklagen sich oft darüber, dass die Erwachsenen im Gespräch mit ihnen nur ihre eigene Sicht der Dinge verfolgen, statt offen zu sein und sich die Sichtweise der Schüler anzuhören. Sie können die Bereitschaft zur Mitarbeit bei den Schülern steigern, indem Sie sie fragen, was aus deren Perspektive ein gutes Ergebnis des Gesprächs wäre. Sagen Sie z. B.:

»Ich möchte nicht, dass du nach unserem Gespräch das Gefühl hast, dass es eine Zeitverschwendung war. Deshalb will ich dich fragen, was aus deiner Sicht ein gutes Ergebnis unseres Treffens wäre.«

Tipp 6: Achten Sie darauf, dass der Fokus Ihres Gesprächs auf der Zukunft und auf Zielen liegt statt auf der Vergangenheit und ihren Problemen!

Anstatt den Schüler dahin zu bringen, dass er Probleme eingesteht, oder ihn dazu zu befragen, was die Ursachen dieser Probleme sein könnten, gestalten Sie das Gespräch lösungsorientiert, indem Sie sich auf die Zukunft und Ziele statt auf die Vergangenheit und Probleme konzentrieren.

Tipp 7: Lassen Sie dem Schüler genug Zeit, über seine Antworten nachzudenken!

Wenn ein Schüler Ihre Fragen mit »Ich weiß nicht« beantwortet, muss das nicht unbedingt bedeuten, dass er nicht antworten will. Es könnte auch sein, dass er damit nur zum Ausdruck bringt, für die

Antwort noch mehr Zeit zu benötigen. Wenn das so ist, können Sie dem Schüler eine Brücke bauen und ihm mehr Zeit gewähren – z. B., indem Sie sagen:

»Lass dir Zeit.«

»Wir haben keine Eile.«

»Ich weiß, das ist schwer zu beantworten, aber was würdest du denken?«

»Du musst das nicht gleich beantworten. Du kannst es mir später sagen.«

»Ich möchte, dass du darüber nachdenkst. Wir können dann bei unserem nächsten Treffen noch mal darüber reden.«

Tipp 8: Erklären Sie dem Schüler, aus welchen Gründen Sie diese Fragen stellen!

Eine mögliche Erklärung dafür, warum Schüler Ihre Fragen mit »Ich weiß nicht« beantworten, ist auch, dass sie die Frage komisch finden, weil sie nicht verstehen, warum Sie so etwas fragen. In diesem Fall ist es hilfreich, wenn Sie ihm Ihre Gründe erläutern. Sagen Sie z. B.:

»Du wunderst dich wahrscheinlich, warum ich dich frage, was du dir im besten Falle von diesem Treffen versprichst. Ich frage das, weil ich wissen möchte, was du erreichen willst. Dann kann ich vermeiden, dass dieses Gespräch ungewollt in eine Richtung geht, die dich überhaupt nicht interessiert.«

Tipp 9: Bitten Sie den Schüler, sich vorzustellen, wie jemand aus seinem Umfeld diese Frage beantworten würde!

Wenn dem Schüler die Beantwortung Ihrer Fragen schwerfällt, können Sie versuchen, ihm auf die Sprünge zu helfen: Bitten Sie ihn, sich vorzustellen, was eine andere Person aus seinem Umfeld antworten würde. Sagt der Schüler also wieder »Ich weiß nicht«, können Sie anschließend nachhaken:

»Ich weiß, das ist eine schwierige Frage, aber was glaubst du, würde deine Mutter, dein Vater oder dein bester Freund antworten, wenn ich denen dieselbe Frage stellen würde?«

3 Die Arbeit mit Schülergruppen

Nach meinem Vortrag für Lehrer über lösungsfokussierte Psychologie an einer großen Berufsschule in den Niederlanden fragte mich der leitende Schulpsychologe, ob ich Interesse hätte, mir die Schülerberatung anzusehen. So besuchten wir im Anschluss deren Räumlichkeiten. In der Mitte des Hauptraums stand ein großer Konferenztisch mit Stühlen, und am Rand thronte eine imposante Kaffeemaschine. Der Schulpsychologe zeigte auf den großen Tisch und erklärte mir, dass die Belegschaft hier mit Schülergruppen arbeite. Wenn die Schülerhilfe darüber informiert wird, dass Schüler Unterstützung brauchen, teilt das Beraterteam die Neuankömmlinge in Gruppen von vier Schülern ein. Diese setzen sich an dem großen Tisch zusammen und sprechen über ihre Themen, wobei sie sich gegenseitig helfen, Lösungen zu finden. Die Berater befördern diesen Prozess. Ihre Aufgabe besteht darin, den Schülern zu erklären, wie sie lösungsorientierte Tools nutzen können, um sich gegenseitig zu unterstützen.

Ich war sehr beeindruckt von diesem Gruppenansatz, den das Team entwickelt hatte. Der leitende Psychologe zeigte grinsend auf die Kaffeemaschine und sagte, für das Personal der Schülerhilfe sei es die wichtigste Aufgabe sicherzustellen, dass die Schüler der Unterstützergruppen mit gutem, heißem Kaffee versorgt werden.

Ich fand es sehr überzeugend, wie dieses Team mit den Schülern arbeitete. Ich glaube, man sollte das in vielen Schulen weltweit einführen. Die Arbeit mit Gruppen ist wirksam und effizient. Sie ist außerdem eine gangbare Lösung für das weitverbreitete Problem, dass es für professionelle Unterstützung lange Wartelisten oder im schlimmsten Falle keinerlei freie Plätze gibt.

Wir gehen normalerweise davon aus, dass psychologische Beratung in Schulen als Gespräch unter vier Augen hinter verschlossener Tür abläuft – ein Gespräch zwischen einem Schüler und einem Berater –, aber angesichts des steigenden Bedarfs an professioneller Hilfe bindet dieses Setting enorme Ressourcen. Wenn wir der erhöhten Nachfrage gerecht werden wollen, müssen wir ernsthaft in Erwägung ziehen, den Fokus von der Arbeit mit einzelnen Schülern auf die Gruppenarbeit zu lenken, in der die Schüler sich gegenseitig helfen können.

Damit der Gruppenansatz funktioniert, braucht jede Gruppe einen kompetenten Moderator, der die Aufgaben stellt und dafür sorgt, dass jegliche Kommunikation zwischen den Gruppenmitgliedern respektvoll, konstruktiv und kooperativ bleibt.

Im Folgenden beschreibe ich in 9 Schritten, wie Sie das Fähigkeitsdenken in der Gruppenarbeit einsetzen können.

Schritt 1: Stärken erkunden

»Interviewt euch nacheinander gegenseitig und sammelt dabei so viele Informationen wie möglich über eure Stärken und Ressourcen. Wechselt euch damit ab, wer mitschreibt, sodass am Ende jeder einen Zettel hat, auf dem seine Stärken und Ressourcen aufgelistet sind.«

Schritt 2: Ziele setzen

»Tauscht euch darüber aus, was für jeden Einzelnen ein gutes Ergebnis dieser Gruppenarbeit wäre. Helft euch gegenseitig dabei zu benennen, welche positiven Veränderungen ihr euch von der Zusammenarbeit mit der Gruppe versprecht.«

Schritt 3: Vorteile benennen

»Helft euch gegenseitig dabei herauszufinden, welche positiven Folgen es wahrscheinlich für euch selbst, aber auch für andere haben wird, wenn ihr euer Ziel erreicht.«

Schritt 4: Die Werbeagentur

»Stellt euch vor, eure Gruppe wäre eine Werbeagentur. Eure Aufgabe ist es nun, euch gegenseitig zu helfen, einen passenden Namen und ein Bild oder Symbol für euer Ziel zu finden.«

Schritt 5: Ein Netzwerk an Helfern

»Denkt gemeinsam darüber nach, welche Freunde oder anderen Menschen ihr bitten möchtet, euch auf dem Weg zu eurem Ziel zu unterstützen, und wie eine solche Hilfe aussehen soll.«

Schritt 6: Fortschritte erkennen

»Helft euch gegenseitig, euch bewusst zu werden, welchen Fortschritt – auch wenn er noch so klein ist – ihr auf dem Weg zu eurem Ziel schon gemacht habt.«

Schritt 7: Das Fortschrittsmonitoring

»Berichtet am Anfang jedes Treffens davon, welchen Fortschritt ihr in Richtung eurer Ziele seit dem letzten Treffen gemacht habt. Entlockt euch gegenseitig auch noch so kleine Anzeichen für Fortschritte. Und vergesst nicht, den anderen Gruppenmitgliedern für ihre Hilfe zu danken.«

Schritt 8: Das Versprechen

»Gebt euch am Ende des Treffens gegenseitig ein Versprechen, welchen kleinen Schritt in Richtung Ziel ihr bis zum nächsten Treffen unternehmen wollt.«

Schritt 9: Den Erfolg feiern

»Arbeitet einen genauen Plan aus, wann, wo und wie ihr den Abschluss eurer Gruppenarbeit feiern werdet. Formuliert gemeinsam eine Rede für die Feier, in der ihr erzählt, welche Fortschritte ihr gemacht habt und welche Veränderungen in eurem Familienleben es als Folge eurer Teilnahme in dieser Gruppe gegeben hat. Und vergesst nicht, den anderen Gruppenmitgliedern und all denen, die euch auf dem Weg zum Ziel begleitet haben, zu danken.«

4 Die Arbeit mit Eltern

Wenn sich die Probleme mit Schülern nicht innerhalb der Schule lösen lassen, ist es üblicherweise der nächste Schritt, die Eltern zu informieren und sie zu einem Elterngespräch in die Schule zu bitten, um über die Situation und mögliche Lösungen zu sprechen. Der Austausch mit den Eltern ist allerdings manchmal überraschend schwierig. Statt dankbar zu sein, dass die Lehrer sie zum Gespräch gebeten haben, und sich zu bemühen, gemeinsam mit der Schule Lösungen zu finden, geschieht es immer wieder, dass Eltern ihr Kind verteidigen und der Schule die Schuld geben. Sie sagen z. B.:

- »Zu Hause haben wir diese Probleme mit ihm nicht.«
- »Warum picken Sie sich gerade unsere Tochter heraus, wo doch so viele Kinder in der Klasse ähnliche Probleme haben – bei manchen sogar viel schlimmer als bei unserer Tochter?«
- »Im letzten Schuljahr mit der vorigen Klassenlehrerin war das für sie überhaupt kein Problem.«
- »All diese Schwierigkeiten kommen daher, dass er ständig von den anderen gemobbt wird, und Sie haben nichts dagegen unternommen, obwohl wir Sie immer wieder darauf aufmerksam gemacht haben.«

Es ist gewiss keine leichte Aufgabe, einen guten Draht zu Eltern zu entwickeln. In unserer Gesellschaft hat es sich eingebürgert, den Eltern die Schuld für die Probleme ihres Nachwuchses zuzuschreiben, und das erklärt zum Teil, warum manche Eltern nicht bereit sind, sich gegenüber der Schule kooperativ zu zeigen. Wenn Eltern den Eindruck haben, dass sie unter genauer Beobachtung und ständigem Verdacht stehen, nehmen sie natürlich instinktiv eine defensive Haltung ein und fangen an, die Schuld bei anderen zu suchen.
Wenn zwei beliebige Parteien – wie z. B. in diesem Fall die Schule auf der einen Seite und Eltern auf der anderen – versuchen, einem Kind zu helfen, kommen oft Spannungen und Konflikte auf. Das geschieht z. B. in Situationen, in denen:

- **… eine Seite der anderen die Schuld für das Problem zuschiebt**

  LEHRERIN ZU DEN ELTERN Es fällt Till schwer, sich auf den Unterricht zu konzentrieren, wenn Sie nicht dafür sorgen, dass er nachts genug Schlaf bekommt.

  VATER Seine frühere Lehrerin hat verstanden, wie er tickt, und konnte viel besser mit ihm umgehen.

- **… eine Seite Kritik daran äußert, was die andere unternommen hat oder welchen Beitrag zur Problemlösung sie unterlassen hat**

  LEHRER ZUR MUTTER Ich verstehe, dass Sie versucht haben, etwas gegen dieses Problem zu unternehmen, aber es hat offensichtlich einfach noch nicht ausgereicht.

  MUTTER Kein Wunder, dass die Situation jetzt so ist, denn die Schule hat nichts dagegen unternommen, obwohl wir immer wieder versucht haben, darauf aufmerksam zu machen.

- **… eine Seite die Verantwortung zur Problemlösung ausschließlich bei den anderen sieht**

  LEHRERIN ZU DEN ELTERN Wir sind jetzt hier in der Schule mit unserem Latein am Ende. Nun müssen Sie die Verantwortung dafür übernehmen, das Problem in den Griff zu bekommen, ansonsten müssen wir das Jugendamt informieren.

  VATER Wenn unsere Tochter hier keine gezielte Unterstützung bekommt, werden wir sie auf eine andere Schule schicken, wo man bereit ist, Kindern mit speziellem Förderbedarf zu helfen.

Solche Fallstricke lassen sich vermeiden, wenn man sich im Austausch mit Eltern eine lösungsfokussierte Gesprächsführung angewöhnt.

Tipp 1: Formulieren Sie eine freundliche Einladung zum Gespräch!

Eltern reagieren schnell defensiv, wenn sie von einem Lehrer kontaktiert werden – insbesondere, wenn sie schon schlechte Erfahrungen mit dem Schulsystem gemacht haben oder bereits zahlreiche Beschwerdebriefe über das Verhalten ihres Kindes bekommen haben. Aus diesem Grund kommt es sehr darauf an, in welcher Art und Weise die Schule auf die Eltern zugeht.

Wenn bereits die Kontaktaufnahme den Fokus hauptsächlich auf das Problem legt, kann das von Anbeginn eine feindselige Beziehung zwischen Schule und Elternhaus triggern. Es ist leicht vorstellbar, wie Eltern z. B. auf eine Benachrichtigung wie diese reagieren könnten:

> Sehr geehrte Erziehungsberechtigte von Mattis,
>
> Ich hoffe, wir können uns so bald wie möglich zu einem Gespräch über Mattis treffen. Ich mache mir große Sorgen um ihn. Ich habe versucht, mit ihm zu sprechen, aber obwohl er es versprochen hat, hat sich sein Verhalten nicht geändert. Er kommt fast täglich zu spät zur Schule, schikaniert andere Schüler und gerät häufig in Rangeleien.
>
> Ich habe ihn schon zweimal zum Direktor geschickt, aber das hat nichts gebracht. Die Schulbücher vergisst er oft zu Hause, und ich habe von meinen Kollegen gehört, dass er auch bei ihnen den Unterricht stört. Die Situation hat sich jetzt so zugespitzt, dass wir uns dringend treffen und darüber reden müssen, damit Sie sich ein genaues Bild von seinen Problemen machen können. Wir können dann besprechen, in welcher Form Sie die Situation verbessern können.

Man kann die Kontaktaufnahme zu Eltern aber auch so gestalten, dass sie zu einer offenen Zusammenarbeit einlädt. Anstatt die Eltern immer wieder schriftlich über das problematische Benehmen ihres Kindes zu benachrichtigen, ist es besser, so früh wie möglich einen telefonischen Kontakt herzustellen. Dabei dient der Telefonanruf nicht dazu, die Eltern über all die Probleme ihres Kindes zu informieren, sondern einfach nur dazu, ein Gespräch von Angesicht zu Angesicht zu vereinbaren. Die Eltern sollten den Eindruck bekommen, dass die Lehrkraft ihrem Kind helfen möchte, in der Schule bessere Leistungen zu erbringen und sich dort wohlzufühlen. Der Lehrer sollte den Eltern vermitteln, dass er diese als Experten für ihr Kind ansieht und sich deshalb mit ihnen darüber beraten möchte, wie man das Kind am besten unterstützen könnte.

> Sehr geehrte Frau Berger,
>
> hätten Sie einen Moment Zeit, um mit mir über Mattis' Schulsituation zu sprechen? Er ist ein intelligenter Junge und hat in vielen Fächern gute Noten, aber es gibt ein paar Dinge, die eindeutig noch besser laufen könnten. Wir haben uns hier in der Schule Gedanken darüber gemacht, wie wir ihn am besten unterstützen können, und ich würde die verschiedenen Optionen gerne mit Ihnen und Mattis besprechen.

Hätten Sie an irgendeinem Tag nächste Woche Zeit? Ich habe Mattis schon gesagt, dass ich gerne mit Ihnen beiden sprechen würde. Und es wäre toll, wenn sein Vater auch dazukommen könnte, aber ich habe natürlich auch Verständnis dafür, dass Sie beide sehr beschäftigt sind und es nicht so einfach ist, einen Termin zu finden, an dem Sie beide Zeit haben. Geben Sie mir einfach Bescheid, welcher Tag Ihnen nächste Woche passen würde.

Tipp 2: Schaffen Sie eine gute Gesprächsatmosphäre!

Das Elterngespräch gelingt am ehesten, wenn Sie es schaffen, eine möglichst entspannte, lockere und wohlwollende Atmosphäre zu erzeugen – dazu hier ein paar Vorschläge:

- Gehen Sie mit der Einstellung in das Gespräch, dass die Personen, die jetzt anwesend sind, genau die richtigen für das Gespräch sind.
- Danken Sie allen dafür, dass sie gekommen sind, und geben Sie ihnen das Gefühl, dass sie willkommen sind.
- Wenn möglich, bieten Sie etwas zu trinken an und stellen ein paar Snacks bereit.
- Zeigen Sie Verständnis für die schwierige Situation der Eltern.

Vor ein paar Jahren führte ich mit John Murphy ein Interview für meinen Youtube-Kanal. Er ist ein amerikanischer Professor für Schulpsychologie und international anerkannter Experte der lösungsfokussierten Beratung an Schulen. Als ich ihn fragte, wie er auf Eltern zugeht, sagte er:

> Ich habe unzählige Schüler unterrichtet und ich habe selbst Kinder, kann also zu Eltern wie Lehrern aus voller Überzeugung sagen: »Ich glaube, Sie haben einen der schwierigsten Jobs der Welt. Ich weiß, dass Sie in dieser Situation schon vieles durchgemacht haben und dass das eine große Herausforderung gewesen ist. Und bevor ich überhaupt anfange, Fragen zu der Situation zu stellen, bin ich neugierig, wie Sie es eigentlich geschafft haben, die Kraft aufzubringen dranzubleiben – trotz all der Schwierigkeiten, die Sie durchgemacht haben und die andere Leute schon längst umgehauen hätten, aber Sie arbeiten weiter daran. Woher nehmen Sie den Mut und das Engagement, trotzdem weiterzumachen?«
>
> Dies ist eine Anerkennung, die ich wirklich ernst meine, denn diese Berufe sind nun mal sehr fordernd.

Tipp 3: Vermitteln Sie, was das Gespräch bezwecken soll!

»Ich habe Sie zu diesem Gespräch gebeten, weil ...«

»Ich wollte mit Ihnen Folgendes besprechen ...«

»Der Grund, warum ich Ihnen die Einladung zum Gespräch geschickt habe, ist ...«

Erklären Sie den Eltern, warum Sie sie zu einem Gespräch in die Schule gebeten haben, aber gehen Sie dabei noch nicht auf die Probleme des Schülers ein. Richten Sie stattdessen den Fokus auf positive Veränderungen und äußern Sie Ihre Hoffnung, dass das Gespräch dazu beitragen kann.

»Ich wollte mit Ihnen darüber reden, wie Jennys Schulleistungen wieder so gut werden können wie im letzten Halbjahr.«

»Ich wollte mit Ihnen besprechen, wie es Martin gelingen könnte, besser mit den anderen Schülern klarzukommen, und wie er lernen kann, in Konflikten mit anderen, die sonst leicht eskalieren, ruhig zu bleiben.«

»Ich wollte mich mit Ihnen darüber unterhalten, wie wir Jannik helfen können, morgens pünktlich zur Schule zu kommen, denn letztes Jahr hat er das meistens geschafft.«

»Ich dachte, es wäre gut, wenn wir mal darüber sprechen, wie Nora es schaffen kann, im Unterricht besser bei der Sache zu bleiben, sodass sie die anderen nicht so stört und auch selbst besser lernen kann.«

»Ich wollte mich gerne mit Ihnen beraten, was wir tun können, damit Leos Aufmerksamkeit besser wird, und wie wir dafür sorgen können, dass er wieder regelmäßig jeden Tag zur Schule kommt.«

Tipp 4: Sagen Sie den Eltern, wie Sie sich den Ablauf des Gesprächs vorstellen!

Geben Sie den Eltern einen Überblick, wie viel Zeit für das Gespräch zur Verfügung steht, und erklären Sie ihnen, dass Sie am Anfang zunächst nur über die Dinge sprechen möchten, die gut funktionieren, und erst danach über das, was noch verbesserungswürdig ist.

»Wir haben jetzt ungefähr eine halbe Stunde Zeit, und ich schlage vor, dass wir uns zunächst ein bisschen Zeit nehmen, uns über Pascals

Stärken und gute Leistungen zu unterhalten, bevor wir darüber reden, in welchen Bereichen es noch Luft nach oben gibt. Sind Sie damit einverstanden?«

»Ich hab uns eine Dreiviertelstunde für dieses Gespräch reserviert. Das Gespräch soll dazu dienen, mit vereinten Kräften zu überlegen, wie wir Lilly am besten helfen können, die Dinge anzupacken, die noch verbesserungswürdig sind. Aber davor würde ich gerne mit Ihnen darüber reden, in welchen Bereichen sie gut ist. Wäre das für Sie okay?«

Tipp 5: Beginnen Sie mit den Stärken!

Um mit den Eltern eine gute Basis zur Zusammenarbeit zu schaffen, ist es wichtig, dass Sie sich die Zeit nehmen, gemeinsam über positive Aspekte zu sprechen, bevor Sie die Schwierigkeiten des jeweiligen Schülers thematisieren. Solche positiven Dinge könnten z. B. spezielle Begabungen, gute Charaktereigenschaften oder Schulleistungen sein – und auch Aspekte, die sich in der letzten Zeit verbessert haben.

Ich erinnere mich an ein Elterngespräch in der Schule. Bei dem Treffen anwesend waren der 12-JÄHRIGE JUNGE, der den Unterricht störte, seine beiden Eltern, die Klassenlehrerin und ein paar andere Mitarbeiter der Schule. Zu meiner Überraschung hatte der Junge auch seine Tante eingeladen, zu der er ein enges Verhältnis hatte. Sie wohnte nicht weit von der Schule, und er besuchte sie oft nach Schulschluss.

Ich eröffnete das Gespräch mit der Frage nach seinen Stärken und erfuhr, dass er manuell besonders geschickt war. Zum Beispiel hatte er in der letzten Zeit eine Reihe von ganz filigranen Holzschwertern angefertigt, von denen er zwei für gutes Geld hatte verkaufen können. Der Vater erzählte uns, dass sein Sohn, obwohl er noch so jung war, den Traktor fuhr und sogar mit großem Geschick die Baggerschaufel am Heck des Traktors bedienen konnte. Das Gespräch über die Stärken des Jungen vermittelte ihm das Gefühl, wertgeschätzt zu werden, und es gab den Eltern gute Gründe, stolz auf ihren Sohn zu sein. Dieser Austausch über die Stärken half auch, eine freundliche und entspannte Atmosphäre für das Gespräch zu schaffen. Dadurch wurde es leichter, dann auch darüber zu sprechen, welche Verhaltensweisen der Junge noch lernen musste, damit sich die Schule nicht gezwungen sah, ihn in eine Sonderklasse zu versetzen. In diesem Gespräch erwies sich die Tante des Jungen als besonders hilfreich. Sie erklärte sich bereit, dem Jungen zu helfen, wo immer es ihr möglich war.

Der Austausch über Stärken hilft, eine freundliche und respektvolle Gesprächsatmosphäre zu schaffen, aber er hat auch noch andere günstige Effekte: Er fördert wichtige Informationen über die Fähigkeiten des Schülers zutage, über besondere Begabungen und Interessen. Dieses Wissen ist nützlich, wenn es im Gespräch schließlich darum geht, wie der Schüler die vereinbarten Ziele erreichen kann.

»Du bist ein Ass im Fußball. Welche deiner Fußballfähigkeiten könnten dir helfen, dein Ziel zu erreichen? Was hältst du davon, wenn wir deinen Fußballtrainer bitten, auch Teil dieses Helferteams zu werden, das dich an der Schule unterstützt?«

»Du kannst gut mit Sprache umgehen. Wir alle haben gehört, wie du Rap-Verse dichten kannst, und sie sind wirklich super. Könntest du dir vorstellen, einen Rap darüber zu schreiben, was wir heute hier besprochen haben? Ein Rap, der dir als Erinnerungshilfe dienen könnte und der dich darin unterstützt, die Dinge zu erreichen, die du erreichen willst?«

»Deine Mutter sagt, dass du zu Hause sehr oft an deinem Smartphone hängst. Könntest du dir vorstellen, dass du dein Smartphone dazu benutzt, die Dinge, die wir heute besprochen haben, in die Tat umzusetzen?«

»Ich weiß, dass du lustige TikTok-Videos erstellt hast. Wenn du dir vorstellst, so ein Video zu drehen, das dir hilft, die Veränderungen hinzubekommen, die du dir wünschst: Was für eine Art von Video wäre das?«

Um herauszubekommen, wie Schüler ihre eigenen Stärken, Fähigkeiten und Interessen nutzen können, braucht man ein bisschen Kreativität, aber es zahlt sich aus. Es ist leichter, Herausforderungen zu meistern, wenn wir dafür unsere eigenen Stärken, Fähigkeiten oder Interessen in irgendeiner Form nutzen können.

Tipp 6: Achten Sie auf lösungsfokussierte Formulierungen!

Als wir vor Jahren unser Haus bauten, war einer der letzten Schritte im Bauprozess das Verputzen der Außenfassade. Der Verputzer war ein älterer Mann, der zwei junge Auszubildende hatte. Als ich einmal auf der Baustelle war und sie bei der Arbeit beobachtete, nahm der Verputzer mich beiseite. Er bat mich, auf einer Bank neben ihm Platz zu nehmen, und sagte: »Habe ich es richtig verstanden, dass Sie sowas wie ein Psychologe sind?« – »Ja, in gewisser Weise«, sagte ich, »ich bin eigentlich Psychiater, aber das ist kein so großer Unterschied.« – »Okay, dann habe ich eine Frage an Sie: Können Sie mir sagen, wie oft ich meine Azubis loben muss, damit ich sie einmal kritisieren darf?« – »Ich kann Ihnen keine Zahl nennen«, sagte ich, »aber Sie müssen sie auf jeden Fall häufiger loben als kritisieren.« – »Das Verhältnis ist fünf zu eins«, sagte er, »ich muss sie fünfmal loben, um einen Kritikpunkt anzubringen.« Ich nickte zustimmend. Während ich noch überlegte, was ich darauf sagen soll, fuhr er fort: »Und auch bei diesem einen Mal muss ich sie nicht kritisieren, sondern kann es als Ratschlag formulieren.«

Der Verputzer war durch seine eigene Berufserfahrung zu dieser Schlussfolgerung gelangt, die in allen lösungsfokussierten Kommunikationsformen so eine wichtige Rolle spielt. Wenn Sie das Verhalten einer anderen Person beeinflussen wollen, ist es besser, ihr zu vermitteln, was Sie von ihr möchten, als darüber zu lamentieren, welche Verhaltensweisen Sie ablehnen. Menschen sind eher geneigt, Botschaften an sich heranzulassen, wenn man ihnen sagt, was sie tun sollen, statt, was sie nicht tun sollen.

Es ist sowohl für Schüler als auch deren Eltern leichter, Problemlösungen zu finden, wenn Sie im Elterngespräch mit ihnen nicht auf die Probleme des Schülers fokussieren, sondern darauf, welches Verhalten Sie sich in den kommenden Tagen oder Wochen vom Schüler wünschen und welche Fähigkeiten er entwickeln muss, damit er wieder gerne zur Schule geht und bessere Leistungen erbringt. Eltern können sich auch leichter mit dem Gedanken anfreunden, dass ihr Kind in einem Bereich besser werden muss, als zu schlucken, dass mit ihrem Kind etwas nicht stimmt.

Wenn Sie mit Eltern über die Schwierigkeiten eines Schülers sprechen, ist es sehr nützlich, lösungsfokussierte Formulierungen zu verwenden, d. h., über Fähigkeiten zu sprechen, in denen der Schüler besser werden muss (statt über Probleme, die zu lösen sind), über den Mut, den ein Schüler aufbringen muss (statt über Ängste, die er überwinden muss), oder darüber, wie er eine schwierige Situation in der erwünschten Weise meistern kann (statt über die falsche Art im Umgang mit dieser Situation). Es gibt so gut wie keine Herausforderung, die sich nicht so besprechen ließe, dass die Betonung darauf liegt, das erwünschte Verhalten zu fördern, statt die ungewollte Verhaltensweise zu unterlassen.

Tipp 7: Laden Sie alle Anwesenden zum Gedankenaustausch über mögliche Lösungen ein!

Sowie Sie sich mit dem Schüler und seinen Eltern gemeinsam auf ein Ziel bzw. auf Veränderungen, die Sie vom Schüler erwarten, verständigt haben, ist es an der Zeit, darüber zu sprechen, wie er diese Ziele erreichen kann. Was kann er selbst dazu beitragen? Welche Personen können ihm helfen und in welcher Form sollen Sie ihn unterstützen?

»Wenn das nächste Mal einer etwas Fieses zu dir sagt und du dich darüber ärgerst: Was könntest du tun, statt auf den anderen loszugehen? Was würdest du vorschlagen? Und Sie als Mutter, was würden Sie vorschlagen, wie Ihr Sohn/Ihre Tochter in so einer Situation reagieren könnte? Und wie steht es mit Ihnen, was würden Sie als Vater vorschlagen?«

»Was könntest du tun, wenn dir die Aufgabe, die die Lehrerin dir gegeben hat, zu schwierig erscheint: Gibt es eine Alternative dazu, aufzustehen und Unruhe zu verbreiten? Wäre es eine Möglichkeit, dass du die Lehrerin oder einen Klassenkameraden um Hilfe bittest?«

»Das ist eine gute Idee, aber ich vermute, dass es dir nicht leichtfallen wird, dich daran zu erinnern. Wie könnte ich dir helfen, dass du daran denkst?«

Der Austausch darüber, wie andere dem betreffenden Schüler helfen können, sich eine andere Reaktionsweise für schwierige Situationen anzueignen, liefert unweigerlich mögliche Wege und praktische Tipps dazu, wie sich das Problem lösen lässt.

Tipp 8: Vergewissern Sie sich, dass es Helfer gibt!

»Ein JUNGE (10 JAHRE) mit einer Aufmerksamkeitsdefizit-/Hyperaktivitätsstörung störte regelmäßig so massiv, dass ein Unterrichten nicht mehr möglich war. Nun begleitete ihn seine Großmutter. Jeden Tag saß sie während der letzten beiden Schulstunden vor der Tür im Korridor. Die Großmutter nutzte die Zeit, um einen Schal zu stricken, den der Enkel dann als Entschuldigung für sein Verhalten der Lehrerin schenken sollte. Dem Jungen sagte man, wenn ihm das Sitzen schwerfiele, dürfe er einige Minuten zu seiner Großmutter hinausgehen. In der Lehrersitzung einige Wochen später konnte die Klassenlehrerin eine revolutionäre medizinische Entdeckung verkünden: ›Eine strickende Großmutter im Flur wirkt beruhigender als eine ganze Handvoll Ritalin-Pillen!‹«[5]

Für Schüler ist es schwierig, Herausforderungen zu meistern oder ihr Verhalten zu ändern, wenn sie in ihrem Umfeld keine Menschen haben, die sie ermutigen und ihnen helfen. Neben den Eltern können auch Geschwister, Mitschüler, Großeltern, Paten, Musiklehrer, Trainer etc. solche Helfer sein, die die Schüler z. B. auf folgende Weise unterstützen:

- **Interesse zeigen für das Projekt des Schülers**
  PATENTANTE Wie läuft es mit deinem Projekt in der Schule? Hast du Fortschritte gemacht? Was hast du bisher unternommen?

- **Darauf achten, ob der Schüler Fortschritte macht**
  LEHRER Ich habe mir notiert, wenn mir aufgefallen ist, dass es dir gelungen ist, das zu tun, was wir verabredet haben. Wärst du einverstanden, dass ich deinen Eltern auch eine kurze Nachricht mit meinen Beobachtungen schreibe?

- **Den Schüler für seinen Fortschritt loben**
  KLASSENLEHRERIN Ich hab von deinem Mathelehrer gehört, dass du dort im Unterricht gut mitgemacht hast.

  GROSSMUTTER Ich bin stolz auf dich. Deine Mutter hat mir erzählt, dass du deinen Aufsatz vor der ganzen Klasse laut vorgelesen hast. Gut gemacht!

- **Den Schüler an sein Ziel erinnern**
  LEHRER Das ist jetzt eine gute Gelegenheit zu zeigen, dass du das kannst!

  KLASSENKAMERADIN Ich kann dich dran erinnern, wenn du es mal vergisst. Wie soll ich das machen?

- **Zur gleichen Zeit selbst an einem ähnlichen Projekt arbeiten**
  ÄLTERER BRUDER Ich werde dich unterstützen. Ich werde die ganze nächste Woche auch früh schlafen gehen.

- **Verständnis zeigen, wenn der Fortschritt ins Stocken gerät**
  VATER Mach dir keinen Kopf, Rom wurde auch nicht an einem Tag erbaut. Lass dir ein bisschen mehr Zeit. Du schaffst das!

---

5 Diese Geschichte stammt aus Haim Omers Buch *Raus aus der Ohnmacht* (Omer u. Haller 2019, S. 99–100).

DIREKTOR Gib nicht auf. Rückschläge gehören dazu. Du musst einfach am Ball bleiben.

- **Ganz konkrete Hilfe anbieten**

  MITSCHÜLERIN Ich könnte dich morgens abholen und mit dir gemeinsam zur Schule laufen, wenn dir das recht ist.

  SCHULPSYCHOLOGE Es ist mir eine Freude, dir zu helfen. Sag mir einfach, was ich machen soll, und ich bin gerne bereit, es zu tun, wenn es mir möglich ist.

- **Von eigenen Erfahrungen mit ähnlichen Herausforderungen erzählen**

  GROSSVATER Als ich so alt war wie du, hatte ich auch eine schwierige Phase. Soll ich dir erzählen, was mir damals passiert ist und wie ich es geschafft habe, wieder auf die richtige Spur zu kommen?

  SCHULPSYCHOLOGIN Ich habe auch seit meiner Kindheit die Neigung, in sozialen Situationen wie dieser in Panik zu geraten, und manchmal passiert es mir auch immer noch. Möchtest du wissen, was ich glaube, wie man trotzdem lernen kann, mit einer solchen Empfindlichkeit zu leben?

- **Gemeinsam den Erfolg feiern**

  SCHULBERATERIN Was möchtest du, wie wir feiern, wenn du es geschafft hast, wieder ein paar Wochen lang zur Schule zu kommen?

  ONKEL Was meinst du: Sollen wir einen Plan ausarbeiten, wie wir es irgendwie feiern können, wenn du dein Ziel erreicht hast? Wenn du möchtest, könnten wir alle zusammen im Park ein Frisbee-Golf-Turnier machen, wenn alles wieder rundläuft.

Tipp 9: Erstellen Sie einen Handlungsplan!

Sie können das Treffen als Erfolg verbuchen, wenn Sie am Ende einen konkreten Aktionsplan erstellt haben, der eine Vereinbarung darüber enthält, wie verschiedene Personen – u. a. auch die Klassenkameraden – den Schüler auf dem Weg zu seinem Ziel unterstützen können. Machen Sie sich klar, dass es Schülern sehr schwerfällt, ihr Verhalten zu ändern, wenn man von ihnen erwartet, dass sie das alleine bewerkstelligen. Die Erfolgschancen sind viel größer, wenn sie unterwegs Hilfe und Unterstützung von anderen bekommen.

Danken Sie zum Abschluss des Gesprächs allen Anwesenden, dass sie sich die Zeit genommen haben, und treffen Sie eine Vereinbarung, wie es nun weitergehen soll. Es ist nicht zwingend nötig, einen weiteren Termin auszumachen, aber es ist doch wichtig, sich in irgendeiner Form darauf zu einigen, wann das Projekt als erfolgreich gilt und schließlich auch gefeiert werden soll.

Tipp 10: Besänftigen Sie empörte Eltern!

Ab und zu stoße ich auf einen Zeitungsartikel, in dem sich Lehrer über unmögliche Eltern beschweren, die ihnen das Leben schwermachen, indem sie aggressiv und fordernd auftreten, die Schule beschimpfen und mit Klagen drohen oder mit ihren Vorwürfen sogar an die Presse gehen. Im schlimmsten Fall ist das Verhältnis zwischen Eltern und Schule so vergiftet, dass die Schule den Eltern am liebsten ein Kontaktverbot erteilen würde.

Aufgebrachte und aggressive Eltern zu beruhigen ist schwierig, aber nicht unmöglich. Dazu kann man sich ein paar nützliche Taktiken von Personen abgucken, die im Kundendienst arbeiten, die es also gewohnt sind, mit unzufriedenen und verärgerten Kunden umzugehen. Solche Taktiken können z. B. bedeuten, dass man aktiv zuhört, sich in die Lage des Gegenübers versetzt, den anderen über frühere schlechte Erfahrungen befragt, Verständnis zeigt und den Fokus von dem, was den anderen verärgert, weglenkt und darauf richtet, was er sich im besten Falle von dem Dialog verspricht.

Geben Sie verärgerten Eltern erst einmal die Gelegenheit, Dampf abzulassen. Lassen Sie sie ausreden und halten Sie sich mit eigenen Rechtfertigungen zurück. Hören Sie aktiv zu. Achten Sie auf Augenkontakt, wiederholen Sie einige der Formulierungen, nicken Sie häufig und setzen Sie Ihre Körpersprache ein, um dem Gegenüber zu vermitteln, dass Sie versuchen, die Situation wirklich zu verstehen – auch wenn Sie im Moment vielleicht anderer Meinung sind.

> »Das verstehe ich. Ich kann nachvollziehen, dass Sie enttäuscht sind und das Gefühl haben, dass Sie in dieser Sache etwas unternehmen müssen.«

Geben Sie den aufgebrachten Eltern die Gelegenheit zu erzählen, wie es ihnen mit früheren ähnlichen Gesprächen gegangen ist.

> »Sie sagten, es gab bereits solche Treffen, in denen es um ihren Sohn ging. Wie ging es Ihnen in diesen Sitzungen? Wie sind die aus Ihrer Sicht verlaufen? Hatten Sie das Gefühl, dass Sie gehört und verstanden werden?«

Wenn die Eltern früher bereits schlechte Erfahrungen im Austausch mit der Schule gemacht haben, äußern Sie Verständnis und vermitteln Sie ihnen, dass es Ihre aufrichtige Hoffnung ist, dass dieses Gespräch eine deutlich angenehmere Erfahrung wird. Wenn die Eltern sich dann ein bisschen beruhigt haben, richten Sie das Gespräch wieder auf die Zukunft. Fragen Sie, was aus Elternsicht ein gutes Ergebnis dieses Treffens wäre, und versuchen Sie, ein Ziel zu benennen, auf das beide Seiten sich einigen können.

> »Wenn ich es richtig verstanden habe, möchten Sie sicherstellen, dass Ihre Tochter von niemandem mehr gemobbt wird, und Sie möchten, dass sie wieder gerne zur Schule geht. Ist das ein Ziel, auf das wir uns einigen können?«
>
> »Wenn ich es richtig sehe, ist es Ihr Wunsch, dass ihre Tochter auch im nächsten Schuljahr in derselben Klasse bleibt. Das ist nicht allein meine Entscheidung, aber ich kann Ihnen versichern, dass ich Ihren Wunsch vorbringen werde, wenn dieser Punkt bei der nächsten Lehrerkonferenz diskutiert wird.«

5 Reaktion auf Fehlverhalten

Nach ihrer langjährigen pädagogischen Tätigkeit brachte die ehemalige Direktorin einer Schule in einer finnischen Kleinstadt im Ruhestand ein Büchlein im Eigenverlag heraus, in dem sie ihre jahrelange Erfahrung im Umgang mit den alltäglichen Herausforderungen im Schulleben darstellte. Darin gibt es ein Fallbeispiel darüber, wie sie auf das unangemessene Verhalten eines Teenagers in ihrer Schule reagiert hat. Hier eine Zusammenfassung ihrer Geschichte:

> In unserer Schule gab es null Toleranz für jede Form von Mobbing und Rassismus. Aber eines Tages erfuhr ich, dass ein 14-jähriger Junge im Schulbus die Hose runtergelassen hatte und zwei Flüchtlingskindern aus Somalia seinen nackten Hintern hingestreckt hatte. Die beiden waren erst kürzlich mit ihren Eltern nach Finnland gekommen und lebten zu der Zeit in einer Flüchtlingsunterkunft in der Nähe der Schule.
>
> Es gab genug Augenzeugen, und ich wurde sofort darüber in Kenntnis gesetzt. Ich bat den Jungen in mein Büro, um mit ihm darüber zu sprechen, was er getan hatte. Er war geständig und schien sein Verhalten zu bereuen. Ich reichte ihm mein Telefon und erklärte ihm, dass ich bei solchen Vorkommnissen immer den Schüler bitte, sofort seine Eltern anzurufen und ihnen zu berichten, was er getan hat. Der Junge weigerte sich aber, seine Eltern anzurufen, und fragte mich stattdessen, ob er es seinen Eltern auch erst abends zu Hause erzählen dürfe. Ich gestand ihm das zu und sagte ihm, dass wir uns in jedem Fall am nächsten Tag gemeinsam mit seinen Eltern in der Schule treffen müssten, um zu besprechen, wie wir mit der Situation verfahren.
>
> Am nächsten Morgen erschien er mit seinen Eltern in meinem Büro. Beide Eltern waren sehr erschüttert über das Benehmen ihres Sohnes. Die Mutter erzählte, dass sie nachts kaum hatte schlafen können, weil sie immerzu überlegt hatte, wie sie auf die Situation reagieren kann. Ich musste zugeben, dass ich auch viel darüber nachgedacht hatte und noch unsicher war, was die richtige Reaktion wäre.
>
> Schließlich äußerte die Mutter, dass sie in der Nacht eine Idee gehabt habe: »Ich habe mich gefragt«, sagte sie, »ob es eine Möglichkeit wäre, dass er eine Zeit lang in der Flüchtlingsunterkunft arbeitet und die Mitarbeiter dort unterstützt.«

Ich fand diese Idee wunderbar, suchte die Telefonnummer des Wohnheims heraus und rief dessen Leiterin an. Ich berichtete von dem Vorfall und fragte sie, ob es möglich wäre, dass der Junge für eine gewisse Zeit ein paar Stunden am Tag Hilfsdienste ableistet. Die Leiterin war einverstanden. Sie schlug vor, dass er nachmittags, wenn dort alle Kinder von der Schule zurück sind, vorbeikommt und ein paar Stunden mithilft.

Der Junge erklärte sich bereit, diesem auf ihn zugeschnittenen »Bestrafungsplan« Folge zu leisten. Zwei Wochen lang ging er an Werktagen zwei Stunden in das Wohnheim und arbeitete einige Stunden mit. Er hat danach nie wieder etwas Derartiges getan.

Eine Alternative zur Bestrafung

Es ist das übliche Vorgehen an Schulen, dass Schüler für ihr Fehlverhalten bestraft werden. Früher geschah das oft als körperliche Züchtigung, aber heutzutage gibt es stattdessen so Dinge wie: den Schüler zum Direktor schicken, die Eltern benachrichtigen, bestimmte Privilegien entziehen, Nachsitzen anordnen oder als Ultima Ratio ihn zeitweise oder dauerhaft von der Schule verweisen.

Die Vorstellung, dass Schüler für ihr Fehlverhalten bestraft werden sollen, basiert auf der Annahme, dass dies eine effektive Abschreckungsmaßnahme sei, die das Risiko senkt, dass sich ein ähnliches Verhalten wiederholt. Die Logik dabei lautet: Wenn ein Schüler unter den Folgen seiner Tat leiden muss, hilft ihm das zu verstehen, was er falsch gemacht hat – und somit liegt es in seinem eigenen Interesse, etwas Ähnliches in Zukunft zu vermeiden. Diese Argumentation wirkt rational, aber es funktioniert einfach nicht so wie erhofft. Wenn der Schüler – sei es zu Recht oder zu Unrecht – den Eindruck hat, dass die Strafe unfair oder unverhältnismäßig ist, oder wenn die Eltern nicht mit der Bestrafung einverstanden sind, wird die Maßnahme nicht den gewünschten Effekt haben. Sie kann stattdessen eine Trotzreaktion hervorrufen und dazu führen, dass sich etwas Ähnliches eher wiederholt.

Glücklicherweise gibt es aber auch noch eine andere Herangehensweise, wie man auf das Fehlverhalten von Schülern wirksam reagieren kann: Sie basiert auf den Prinzipien der Wiedergutmachung und lässt sich so beschreiben: »Verantwortung für die eigenen Handlungen übernehmen«.

Verantwortung übernehmen

Zusammen mit meinem Kollegen Tapani Ahola habe ich ein 6-Schritte-Programm entwickelt, das unsere Auffassung von Verantwortungsübernahme in der Praxis beinhaltet. Wir nennen es die *Stufen der Verantwortung*. Die sechs Schritte lauten: 1) zugeben, 2) verstehen, 3) sich entschuldigen, 4) wiedergutmachen, 5) etwas versprechen und 6) sich für andere einsetzen.

Diese Methode dient als praktisches Tool im Coaching von Schülern, die Verantwortung für ihre Handlungen übernehmen sollen.

1. Zugeben

Etwas zuzugeben bedeutet, dass der betreffende Schüler bereit ist, mit einem Erwachsenen offen darüber zu sprechen, was passiert ist und was er getan hat. Wenn Schüler damit konfrontiert werden, was sie getan haben, reagieren sie häufig so, dass sie sich rechtfertigen oder es leugnen, die Sache kleinreden oder andere beschuldigen, weil sie Angst vor Bestrafung oder sonstigen negativen Konsequenzen haben. Wenn Sie ihnen aber erklären, dass es nicht Ihre Absicht ist zu bestrafen, sondern ihnen zu helfen, dass sie die Verantwortung für das Getane übernehmen können, können die Schüler allmählich zu der Einsicht gelangen, dass es durchaus sinnvoll sein kann, sich der Sache zu stellen. Wenn sie Verantwortung übernehmen, können sie ihren beschädigten Ruf wiederherstellen und sich in der Klassengemeinschaft wieder akzeptiert fühlen.

2. Verstehen

Verstehen bedeutet in diesem Zusammenhang, dass man dem Schüler hilft, wirklich zu begreifen, warum das, was er getan hat, falsch und unangemessen war. Mit anderen Worten: Sie helfen dem Schüler, sich vor Augen zu führen, inwiefern er durch sein Verhalten ein anderes Kind gekränkt oder ihm Schaden zugefügt hat und warum es entsprechende Regeln und Maßnahmen gibt, die verhindern sollen, dass solche Dinge geschehen.

3. Sich entschuldigen

Sich zu entschuldigen bedeutet hier, dass der Schüler die, die unter seinem Verhalten zu leiden hatten, aufrichtig um Entschuldigung bittet. Ein beiläufig geäußertes »Tschuldigung« reicht nicht aus. Die Entschuldigung muss ehrlich empfunden sein und ist ernsthaft und möglicherweise in Anwesenheit anderer oder in schriftlicher Form vorzubringen.

4. Wiedergutmachen

Zusätzlich zur Entschuldigung sollte der Schüler auch anbieten, den verursachten Schaden in irgendeiner Form wiedergutzumachen. Wenn er z. B. einen Gegenstand beschädigt hat, kann er ihn reparieren. Oder wenn er einen anderen beleidigt hat, kann er es ins Reine bringen, indem er irgendetwas für den anderen tut. Bei der Suche nach einer angemessenen Form der Wiedergutmachung ist es wichtig, im Kopf zu behalten, dass der betreffende Schüler sich das nicht selbst aussuchen kann, sondern dass er es mit dem, der gekränkt worden ist, aushandeln muss.

5. Etwas versprechen

Hier geht es darum, dass der Schüler, der etwas Falsches getan hat, wirklich verspricht, so etwas nicht noch einmal zu tun. Ein einfaches »Ich machs nicht noch mal« ist noch nicht überzeugend, aber wenn er sich aktiv in die Diskussion darüber einbringt, wie er vermeiden kann, dass er so etwas wieder tut, ist das ein wichtiges Element der Verantwortungsübernahme. In solch einer Unterredung sollte es um Fragen gehen wie:

»Welchen Entschluss musst du fassen, damit du so etwas nicht wieder tust?«

»Wie wirst du das nächste Mal mit einer ähnlichen Situation umgehen?«

»Welche Fähigkeit musst du erlernen, damit du so etwas in Zukunft besser vermeiden kannst?«

»Welche Leute können dir dabei helfen und dafür sorgen, dass du es nicht wieder tust?«

»Was schlägst du vor, wie wir reagieren sollen, wenn das wieder vorkommt?«

6. Sich für andere einsetzen

Dieser letzte Schritt soll dafür sorgen, dass sich die Verantwortungsübernahme festigt und glaubwürdig bleibt. Das bedeutet, dass der Schüler die Situation nicht nur aus seinem Blickwinkel betrachtet, sondern auch bereit ist, darüber nachzudenken, wie er vielleicht auch andere Schüler davon abhalten kann, etwas Ähnliches zu tun. Wenn er z. B. einen anderen gemobbt hat, kann er sich vielleicht in irgendeiner Form gegen Mobbing in der Schule engagieren, oder wenn er auf dem Schulgelände geraucht hat, kann er sich z. B. an einem Projekt beteiligen, das für das Nichtrauchen in Schulen wirbt.

6 Maßnahmen gegen Mobbing

> Die Mutter einer Erstklässlerin erzählte mir, dass die LEHRERIN ihrer Tochter eine gute Methode entwickelt hat, um in der Klasse gegen Mobbing vorzugehen. Wann immer ein Kind gemein zu einem anderen war, musste es dem betroffenen Kind eine Postkarte schreiben, auf der es sich dafür entschuldigte, was es gesagt oder getan hat.
>
> Die Lehrerin hatte für diesen Zweck einen ganzen Stapel von passenden Postkarten auf ihrem Pult liegen. Immer, wenn die Lehrerin eine neue erste Klasse bekam, erklärte sie den Schülern wie den Eltern diese Vereinbarung. Es galt folgende Regel: Wenn ein Kind im Verlauf eines Halbjahres drei Entschuldigungskarten von einem bestimmten Schüler bekommt, sollen seine Eltern denjenigen, der sich gemein verhalten hat, zu sich nach Hause zum Nachmittagstee einladen. Die Mutter, die mir von diesem Vorgehen in der Klasse ihrer Tochter erzählte, fand die Idee gut und sagte, soweit sie es mitbekommen habe, musste bisher noch keine Familie in diesem Sinne ein Kind zum Tee einladen.

Mobbing ist eines der größten Probleme an Schulen, und deshalb ist es wenig überraschend, dass über die Jahre viele Interventionen entwickelt wurden, die dem vorbeugen sollen. Die meisten dieser Programme – darunter *KiVa* in Finnland, *Olweus* in Norwegen und der amerikanische Ansatz *Second Step* – basieren auf der Vorstellung, dass sich die Mobbingvorfälle verringern lassen, indem man Informationskampagnen veranstaltet und den Schülern beibringt, ihre emotionale sowie soziale Kompetenz zu stärken. Die Wirksamkeit all dieser Anti-Mobbing-Methoden, die wissenschaftlich untersucht wurden, ist bestenfalls dürftig, und es scheint so, dass einige der Maßnahmen gegen Mobbing am Ende sogar eher einen gegenteiligen Effekt haben.

Zur Vorbeugung von Mobbing liefert der Kompetenzansatz einige brauchbare Ideen, die sich von den herkömmlichen Maßnahmen unterscheiden und die einem helfen, direkt in der aktuellen Situation zu reagieren, wenn es dennoch zu entsprechenden Vorfällen kommt.

Das Prinzip der Helfergruppe

Das Prinzip der Helfergruppe oder auch »Peer-Unterstützergruppe« ist eine Intervention, die von einer Lehrerin namens Sue Young aus

Hull in England in den 1990er-Jahren entwickelt wurde. Mit ihr kann man schnell und effektiv eingreifen, wenn ein Kind in der Schule schikaniert wird. Dabei bildet eine Lehrkraft oder eine andere an der Schule tätige Person eine Helfergruppe aus Mitschülern für das Kind, das gemobbt wurde oder das sich aus welchem Grund auch immer in der Schule unwohl fühlt. Die Aufgabe dieser Gruppe ist es, dafür zu sorgen, dass das betreffende Kind wieder unbeschwert zur Schule gehen kann und sich dort wohlfühlt. Auch wenn der Ansatz der Helfergruppe ursprünglich dafür gedacht war, Mobbing zu bekämpfen, richtet er sich nicht in allererster Linie darauf, das Mobbing selbst zu beenden, sondern dafür zu sorgen, dass das Kind, das unter den Gängeleien in der Schule leidet, sich in der Schule wieder gut aufgehoben fühlt. Dass das Mobbing aufhört, ist dabei eigentlich ein Nebeneffekt.

Die Intervention startet üblicherweise mit einem Telefonanruf der Eltern des Kindes, das in der Schule geärgert wurde. Wenn die Schule mit dem Ansatz der Helfergruppen arbeitet, wird die Angelegenheit dann direkt an die Person übertragen, die für die Zusammenstellung der Helferteams verantwortlich ist. Dieser Moderator spricht mit den Eltern, dankt ihnen, dass sie angerufen und von dem Vorfall berichtet haben, und verspricht ihnen, sich umgehend um die Sache zu kümmern.

Als Nächstes trifft sich der Moderator mit dem Schüler, dem es nicht gut geht, und erzählt ihm, dass er mit seinen Eltern telefoniert und erfahren hat, dass sie sich Sorgen um ihn machen.

> »Hat dein Vater/deine Mutter einen Grund, sich Sorgen um dich zu machen? Hast du dich in der letzten Zeit in der Schule unwohl gefühlt?«

Wenn der betreffende Schüler bestätigt, dass es ihm in der letzten Zeit in der Schule nicht gut ging, fängt der Moderator nicht an, nach den Gründen dafür zu suchen. Stattdessen erklärt er, dass es seine Aufgabe ist, dafür zu sorgen, dass sich niemand in der Schule unwohl fühlt. Anschließend beginnt er, nach den sozialen Beziehungen des Schülers zu fragen.

> »Wer sind deine Freunde? Und mit wem wärest du gerne befreundet? Wer macht dir in der Schule das Leben schwer?«

Der Zweck dieser Fragen ist es, etwa 5–8 Namen von Schülern zusammenzubekommen, die die Helfergruppe für den betroffenen Schüler bilden. Diese besteht nicht nur aus Freunden bzw. aus Mitschülern, mit denen er gerne befreundet wäre, sondern auch aus mindestens einem Schüler, der an dem Mobbing beteiligt war.

Als nächsten Schritt beruft der Moderator ein Treffen mit dem Helferteam ein, bei dem er der Gruppe mitteilt, dass der Schüler, mit dem er gerade gesprochen hat, sich in der letzten Zeit in der Schule nicht wohlgefühlt hat. Er sagt ihnen, dass er sich dafür verantwortlich fühlt, dass alle Schüler gerne zur Schule kommen. Er eröffnet mit der Gruppe ein kurzes, ganz allgemeines Gespräch über dieses Thema.

> »Geht es irgendeinem von euch auch so, dass ihr euch in der Schule manchmal unwohl fühlt?«

Er bittet dann die Gruppe, ihm dabei behilflich zu sein, dass der betreffende Schüler wieder gerne zur Schule gehen kann. Den Helfern ist es wahrscheinlich nicht verborgen geblieben, dass es dem betreffenden Schüler nicht gut geht, und daher befürchten sie möglicherweise, dass der Moderator sie dafür verantwortlich macht und erwartet, dass sie zugeben, beim Mobbing mitgemacht zu haben. Das tut er allerdings nicht. Er erwähnt das Mobbing überhaupt nicht. Er thematisiert einfach nur, dass der Schüler unglücklich ist und dass er, der Moderator, die Hilfe der Gruppe benötigt, um ihn wieder aufzumuntern. Wenn die Helfer realisieren, dass sie nicht beschuldigt werden, sondern nur etwas zur Verbesserung der Lage beitragen sollen, sind sie erleichtert. In der Regel bekunden sie fast ausnahmslos ihre Bereitschaft dazu, dass sie dem Moderator dabei helfen, den betroffenen Schüler wiederaufzubauen. Als Nächstes fragt der Moderator die Helfer nach ihren Vorschlägen, wie sie ihren gemobbten Mitschüler in der kommenden Woche wieder aufheitern können. Wenn die Schüler ihre Ideen vorgetragen haben, reagiert der Moderator darauf mit anerkennenden Worten und notiert sich die Vorschläge. Gegen Ende des Treffens dankt er allen noch einmal für ihre Hilfe und vereinbart mit ihnen, dass sie sich eine Woche später erneut treffen, um zu sehen, wie es läuft.

Nach einer Woche spricht er den betroffenen Schüler darauf an, wie es ihm geht und ob das geplante Vorgehen den erwünschten Effekt gebracht hat. Es ist dann fast immer so, dass derjenige äußert, es gehe ihm jetzt wieder gut und er gehe gerne zur Schule. Der Moderator, der sich natürlich über die guten Nachrichten freut, fragt nun, was der Schüler denn selbst unternommen habe, um die Situation zu verbessern. Er bezweckt damit, die Selbstwirksamkeit zu stärken und dem Schüler das Gefühl zu geben, dass er auch etwas zu dieser erfreulichen Entwicklung beigetragen hat.

Mit dieser Methode erreicht man in der Regel innerhalb von ein bis zwei Wochen eine positive Veränderung, aber bei Bedarf kann man die Helfergruppe mit wöchentlichen Treffen auch noch eine Woche länger beibehalten. Das Helferteam bietet gegenüber herkömmlichen Maßnahmen gegen Mobbing eine Reihe von Vorteilen. Es ist für den Moderator nicht aufwendig, denn die Hauptarbeit erledigt die Gruppe von Unterstützern, und die Methode funktioniert auch in Fällen, bei denen sich das Mobbing nicht nachweisen lässt und keiner der Schüler zugibt, daran beteiligt gewesen zu sein.

Selbstverteidigung mit Worten

Eine Mutter berichtete mir einmal, dass ihre TEENAGER-TOCHTER ihr eines Tages eröffnet habe, dass sie fortan nicht mehr zur Schule gehen würde. Es dauerte eine Weile, bis sie der Tochter entlocken konnte, was los war. Das Mädchen erzählte schließlich, es gäbe in ihrer Klasse einen Jungen, der ihr immer wieder an den Kopf werfe, sie sei »hochnäsig«. Die Mutter versuchte, ihr zu helfen, indem sie zu bedenken gab, dass der Junge vielleicht an ihr interessiert sei, aber das kam gar nicht gut an. Dann machte sie Vorschläge, wie die Tochter beim nächsten Mal, wenn der Mitschüler sie wieder hochnäsig nennt, schlagfertig antworten könnte, zum Beispiel:

»Schau dich doch mal an, du bist ja noch viel hochnäsiger!«

Aber die Tochter fand alle gut gemeinten Ratschläge einfach nur »lächerlich« und ließ sie an sich abprallen. Trotz ihrer Drohung, die Schule zu schmeißen, ging sie weiter zum Unterricht. Eine Woche später erzählte sie ihrer Mutter, dass der Junge nun aufgehört habe, sie zu beleidigen.

»Wie hast du das hinbekommen, dass er aufgehört hat?«, fragte die Mutter.

»Ich hab gewartet, bis er mich wieder hochnäsig genannt hat, und dann hab ich ihm tief in die Augen geblickt und gesagt: ›Und? Hast du ein Problem damit?‹ Das hat ihm die Sprache verschlagen, und seitdem hat er so was nicht mehr zu mir gesagt.«

Früher, als man sich der potenziellen traumatischen Auswirkungen des Mobbings noch nicht so bewusst war wie heutzutage und der Ansicht war, Schikanieren gehöre eben zum Leben dazu, haben Eltern ihren Kindern gerne den Rat gegeben, sich entweder zu wehren oder die Gängeleien einfach zu ignorieren. Wahrscheinlich haben einige Eltern die Sache selbst in die Hand genommen und dem Rabauken eine Ohrfeige verpasst.

Aber es gab auch schon früher viele Eltern und Großeltern, die es bevorzugt haben, gewaltfrei zu reagieren, statt es dem anderen heimzuzahlen, und die ihren Kindern empfohlen haben, sich in irgendeiner Form mit Worten zu verteidigen. Ich kann mich erinnern, dass wir in meiner Kindheit lustige Verse gelernt haben, mit denen man auf Beleidigungen so reagieren konnte, dass die Situation nicht eskalierte.

Verbale Selbstverteidigung funktioniert am besten, wenn sie nicht nach dem Prinzip »Wie du mir, so ich dir« erfolgt, sondern eine Schikane oder Kränkung durch Humor entkräftet. Eine lustige, alberne oder auch absurde Bemerkung kann den Teufelskreis von Beleidigungen besser durchbrechen, als wenn man versucht, es dem anderen durch eine noch schlimmere Kränkung heimzuzahlen. Schlagfertige Antworten schützen einen davor, sich als hilfloses Opfer zu fühlen, und helfen, die eigene Würde zu bewahren. Dadurch verliert es für den, der schikaniert, an Reiz weiterzumachen. Und das Beste an dieser Methode ist, dass sie oft sogar funktioniert, wenn der Gemobbte überhaupt nichts sagt, sondern sich nur in Gedanken vorstellt, welche lustige Bemerkung er dem Mobber an den Kopf werfen könnte.

Ich habe mal einen Workshop für Erzieherinnen und Erzieher abgehalten. Die Veranstalter baten mich, den Teilnehmern meine Arbeitsweise zu demonstrieren, und hatten dafür eine Mutter mit ihren 6-JÄHRIGEN ZWILLINGEN eingeladen, mit denen ich vor den Zuhörern ein Gespräch führen sollte. Ich erklärte mich dazu bereit, und als wir uns nach der Mittagspause wieder trafen, saßen die Mutter und ihre beiden Söhne bereits an einem Tisch im Nebenraum und warteten auf das Gespräch mit mir. Anhand von zwei Videokameras und einem Mikrofon auf dem Tisch konnten die Workshopteilnehmer unser Gespräch nebenan mitverfolgen. Ich begann mit der Bitte an die Mutter, mir zu erzählen, was ihre Söhne gut konnten. Die Mutter war stolz auf ihre Jungs und zählte eine ganze Reihe von Fähigkeiten und besonderen Begabungen auf.

Nachdem wir eine ganze Weile über die Stärken der Jungs gesprochen hatten, wechselte ich das Thema und fragte die Mutter, was sie sich wünschen würde, welche speziellen Fähigkeiten die Jungs als Nächstes lernen müssten. Während die Mutter noch überlegte, was sie antworten soll, sagte einer der Brüder spontan, dass es etwas gab, das er lernen wolle. Er wollte wissen, was er tun könne, wenn ein Mitschüler etwas Fieses zu ihm sagt, denn er wolle sich mit demjenigen nicht prügeln oder ihn seinerseits beschimpfen. Er wollte wirklich wissen, wie man besser mit solchen Situationen umgehen kann.

Ich fand die Frage des Jungen bemerkenswert und sagte den Brüdern, dass ich es für die beste Art halte, in solchen Situationen zu reagieren, indem man etwas Lustiges oder Albernes zu dem Kind sagt, das einen zu ärgern versucht. Die Jungs guckten mich ungläubig an.

»Was kann ich denn Lustiges oder Albernes zu einem Kind sagen, das mich triezt?«, dachten sie sich vielleicht. Ich bat sie, mir ein paar Beispiele zu nennen, was für gemeine Dinge andere zu ihnen sagen, und schrieb diese auf ein Blatt Papier. Ich kann mich noch an eine Sache erinnern: »Die sagen zu mir, ich wäre ein Mädchen.«

Wir riefen einen Wettbewerb aus und luden alle dazu ein mitzumachen, auch die Teilnehmer des Workshops. Die Aufgabe bestand darin, sich originelle, lustige oder auch alberne Antworten auszudenken, die die Jungs beim nächsten Mal, wenn jemand etwas Beleidigendes zu ihnen sagt, einsetzen können. Die beiden Brüder bildeten die Jury und sollten mit ihrem Daumen anzeigen, welche Vorschläge ihrer Meinung nach gut waren und welche nicht.

Der kleine Wettbewerb brachte eine ganze Reihe von Vorschlägen hervor, von denen die meisten von den Jungs mit einem Daumen runter abgelehnt wurden. Unter den vielen Formulierungen gab es nur eine einzige, die beide gut fanden. Sie lautete: »Oh, wie gut, dass ich ein Mädchen bin, denn dann können wir beide heiraten, wenn wir erwachsen sind!« Aus irgendeinem Grund fanden die Jungs diese ulkige Antwort wirklich lustig. Sie kicherten und streckten die Daumen hoch.

Als ich sie beobachtete, konnte ich mir richtig gut vorstellen, wie sie am nächsten Morgen in die Schule gehen und hoffen, dass jemand sie als Mädchen beschimpft und ihnen damit die Gelegenheit gibt, die alberne Replik anzubringen, über die sie sich so amüsierten.

Kooperationsfähigkeit

Im Kapitel 1 über die Verbesserung der Klassenatmosphäre habe ich von dem *Meisterklasse*-Projekt berichtet, bei dem Schüler die Klassenatmosphäre verbessern, indem sie sich gegenseitig unterstützen und ermutigen, an ihren sozialen Fähigkeiten zu arbeiten. Ein wichtiger Pfeiler für diese Methode ist ein Kartenset mit 28 großen Karten, die jeweils eine soziale Fähigkeit darstellen, die einen wichtigen Baustein für den Zusammenhalt der Klasse bildet. Auf vier dieser Karten sind Fähigkeiten skizziert, die bei der Prävention von Mobbing eine wichtige Rolle spielen. Diese sind:

Die Fähigkeit, Konflikte zu lösen

> Wir können die meisten Konflikte und Streitigkeiten, die in der Schule entstehen, selbstständig lösen und müssen unsere Lehrer nur im Ausnahmefall um Hilfe bitten.

Dies ist eine der sechs Fähigkeiten im *Meisterklasse*-Projekt, aus denen die Schüler diejenige auswählen können, an der die ganze Klasse gemeinsam arbeiten will. Es ist eine schwierige und herausfordernde Aufgabe, die Schüler nicht so ohne Weiteres bewältigen. Wenn sie aber wirklich motiviert sind, sich diese Kompetenz anzueignen, stehen die Chancen gut, dass sie es auch schaffen.

Eine Grundschulklasse, die beschlossen hatte, an dieser Fähigkeit zu arbeiten, entschied sich dafür, vier Schüler aus ihren Reihen als Mediatoren für andere Mitschüler zu wählen.

Die Lehrerin war dann allerdings wenig begeistert, als es in der ersten Woche des Projekts so aussah, dass die Klasse eine zu schwierige Aufgabe ausgewählt hatte, denn die Auseinandersetzungen und Konflikte nahmen spürbar zu. Aber im Verlauf der nächsten Wochen wurden die gewählten Mediatoren immer routinierter in ihrer Rolle, und die anderen Schüler gewöhnten sich an die »neue Ordnung«, sodass die Klasse es immer besser schaffte, ihre Konflikte selbst zu lösen – ohne die Lehrer mit einbeziehen zu müssen.

Die Fähigkeit, sich zu entschuldigen

> Wenn ich etwas Kränkendes zu einer anderen Person gesagt oder getan habe, kann ich hingehen und z. B. sagen: »Entschuldigung«, »Ich hab das nicht so gemeint« oder »Es tut mir wirklich leid!«.

Die soziale Fähigkeit, sich zu entschuldigen, kann in ihrer Bedeutung für die Konfliktlösung gar nicht hoch genug eingeschätzt werden. Man könnte sogar so weit gehen zu sagen, das Mobbing gar kein so großes Problem wäre, wenn die Schüler es verstünden, sich ehrlich beim anderen zu entschuldigen, nachdem sie etwas getan haben, das jemanden gekränkt hat. Im Kapitel über die Reaktion auf Fehlverhalten bin ich bereits im Detail auf diese Fähigkeit eingegangen.

Die Bereitschaft, für seine Freunde einzustehen

> Wenn ich merke, dass einer gemobbt wird, kann ich zu dem Schüler halten, der in der Opferrolle ist. Ich kann z. B. zu dem Mobber sagen: »Hör auf damit, das ist gemein!«, »Du hättest das auch nicht gerne, wenn jemand sowas zu dir sagt« oder »Das ist überhaupt nicht witzig, das weißt du ja wohl selbst«.

In den meisten etablierten und weitverbreiteten Anti-Mobbing-Programmen (wie z. B. das finnische Programm namens *KiVa* oder die *STAC* genannte Intervention in den USA) versucht man, das Mobbing einzudämmen, indem man den Mitläufern bzw. den Schülern, die zuschauen, beibringt, aktiv einzugreifen. Dieser Ansatz hat sich zwar als wenig effektiv erwiesen, aber Experten sind sich einig, dass die Reaktionen der Zuschauenden eine wichtige Rolle dabei spielen, ob das Mobbing aufhört oder weitergeht. Daher ist davon auszugehen: Wenn man Schüler ermutigt, aktiv für ihre Freunde einzustehen, verhindert das das Mobbing zwar nicht, aber wenn sie diese Fähigkeit wirklich verinnerlicht haben, können sie das Mobbing doch wenigstens deutlich entschärfen.

Schlagfertigkeit

> Ich kann mich wehren, indem ich etwas Schlagfertiges oder Lustiges zu jemandem sage, der mich schikaniert.

Die Fähigkeit, sich schlagfertig und humorvoll mit Worten zu verteidigen, macht das Mobbingopfer wieder handlungsfähig. Wenn ein Schüler, der beleidigt wurde, in der Lage ist, darauf in überraschender und witziger Weise zu antworten, hilft ihm das nicht nur dabei, sein Selbstwertgefühl zu bewahren, sondern sorgt auch dafür, dass der andere das Interesse daran verliert weiterzumachen. Ich habe diesen Punkt in dem Abschnitt über die Selbstverteidigung mit Worten näher erläutert.

Mediation bei Konflikten

Schullehrer geraten häufig in Situationen, in denen man von ihnen erwartet, dass sie Streitigkeiten zwischen Schülern schlichten. In der Regel reagieren sie in solchen Fällen so, dass sie zunächst beiden Seiten die Gelegenheit geben, ihre Sicht des Vorfalls darzulegen, und dann eine oder beide Parteien auffordern, sich zu entschuldigen und einzuwilligen, dass eine Vereinbarung zur Konfliktlösung ausgehandelt wird.

Der Haken an dieser üblichen Vorgehensweise in Konflikten ist, dass er die Schüler eher dazu bringt, sich zu rechtfertigen und ihre Motive zu verteidigen, und sie sich nicht darin üben, ihre Meinungsverschiedenheiten und Konflikte selbstständig auszuräumen. Die lösungsfokussierte Psychologie als Ansatz zur Konfliktlösung unter Schülern ist ein möglicher Weg, wie man die Schüler befähigen kann, ihre Konflikte eigenständig ohne die Hilfe von Lehrern oder anderen Erwachsenen als Mediatoren zu lösen. Dieselben Prinzipien des Fähigkeitsdenkens, die ich schon in den vorigen Kapiteln erläutert habe, lassen sich auf die Mediation von Konflikten anwenden. Im Folgenden liste ich Richtlinien dafür auf, wie man mit Schülerkonflikten in einer lösungsorientierten Art und Weise verfahren kann.

- **Loben Sie beide Seiten für deren Bereitschaft, mit Ihnen über das Geschehene zu sprechen!**

»Toll, dass ihr gekommen seid, um mit mir darüber zu sprechen, was passiert ist. Ich weiß das zu schätzen, dass ihr die Sache klären wollt.«

- **Finden Sie heraus, ob die Schüler möglicherweise schon miteinander gesprochen und erste Schritte in Richtung Konfliktlösung unternommen haben!**

»Habt ihr schon miteinander geredet? Konntet ihr euch schon irgendwie einigen?«

Wenn die Konfliktpartner Ihnen erzählen, dass sie miteinander gesprochen haben, oder wenn sie sich auf irgendetwas geeinigt haben, loben Sie sie dafür:

»Sehr gut! Was habt ihr besprochen? Worauf habt ihr euch geeinigt? Welcher Schritt wäre als Nächstes dran?«

- **Bieten Sie beiden Seiten an, den Konflikt auch ohne Ihre Hilfe zu lösen!**

»Würdet ihr gerne versuchen, diesen Konflikt allein zu lösen? Ich könnte euch 5 Minuten alleine lassen, und wenn ich zurückkomme, könnt ihr mir erzählen, worauf ihr euch geeinigt habt. Reichen euch 5 Minuten aus?«

- **Schauen Sie, ob es die Möglichkeit einer Mediation unter Gleichaltrigen gibt!**

»In unserer Schule gibt es Schüler, die als Mediatoren ausgebildet sind. Wärt ihr bereit, euch mit einem dieser Mediatoren zusammenzutun und über die Sache zu sprechen? Ihr könntet dann anschließend zu mir kommen und berichten, auf was ihr euch geeinigt habt.«

- **Statt mit beiden Seiten darüber zu sprechen, was passiert ist und was jede Seite gesagt oder getan hat, laden Sie sie dazu ein, sich zu überlegen, was aus ihrer Sicht das bestmögliche Ergebnis dieses Gesprächs wäre!**

»Ich brauche gar nicht genau zu wissen, was jeder von euch gesagt oder getan hat, sondern ich möchte gerne, dass ihr mir beide sagt, was ihr euch von unserem Termin versprecht. Angenommen, ihr geht beide zufrieden aus diesem Gespräch, auf was hätten wir uns dann geeinigt?«

- **Binden Sie das soziale Umfeld mit ein!**

»Eure Mitschüler wollen bestimmt wissen, über was ihr gesprochen habt und auf was ihr euch geeinigt habt. Was werdet ihr ihnen erzählen?«

»Wenn eure Eltern von der Sache erfahren, werden sie euch wahrscheinlich fragen, was passiert ist. Was werdet ihr ihnen erzählen? Wie werdet ihr ihnen erklären, wie es dazu gekommen ist?«

- **Danken Sie beiden Seiten für ihre Mitarbeit!**

»Ihr seid bestimmt nicht stolz darauf, was geschehen ist, aber ihr könnt beide sehr wohl stolz sein, dass ihr zu dem Gespräch mit mir bereit wart und gut mitgemacht habt. Ich danke euch dafür.«

7 Schulvermeidung

Schulabsentismus oder Schulvermeidung ist ein wachsendes Problem in vielen Ländern weltweit. Was lässt sich dagegen tun?

- Sollten wir Eltern dafür verantwortlich machen, dass ihre Kinder regelmäßig zur Schule gehen, und ihnen mit finanziellen oder sonstigen Sanktionen drohen, wenn es ihnen nicht gelingt, den Schulbesuch ihrer Kinder zu gewährleisten?
- Oder sollten wir all solche Fälle dem Jugendamt melden und uns dafür einsetzen, dass Sozialarbeiter diese Kinder in Pflegefamilien oder andere Einrichtungen geben, die dafür sorgen, dass die Kinder zur Schule gehen?
- Oder sollten wir uns an Ärzte wenden, die diese Kinder mit einer Diagnose versehen und sie aus medizinischen Gründen für nicht schultauglich erklären und sie von der Schulpflicht befreien?
- Oder sollten wir ein Netzwerk von staatlichen Sonderschulen erstellen, deren Personal professionell für die Förderung solcher Kinder ausgebildet ist?
- Oder sollten wir uns schlichtweg von der Vorstellung verabschieden, dass alle Kinder zur Schule gehen müssen, und den Zugang zu alternativen Bildungsangeboten erleichtern – wie z. B. Homeschooling, Fernunterricht oder Online-Unterrichtsangebote?

Es wäre sinnvoller, einen Weg zu finden, wie man diese Kinder wieder zum Schulbesuch bewegen kann, und dabei auf die Unterstützung durch ihr soziales Umfeld zurückzugreifen. Eine Möglichkeit, die Rückkehr ins Schulleben zu erleichtern, ist es, ein Helferteam zusammenzustellen. Dieses könnte aus verschiedenen Personen bestehen, die näher mit dem Kind zu tun haben – Eltern, Großeltern, Geschwister, Verwandte, Freunde, Lehrer, Therapeuten, Trainer oder wer sonst noch eine besondere Bedeutung für den jeweiligen Schüler hat. Diese Helfergruppe ermutigt ihn dazu, in die Schule zurückzukehren. Es funktioniert umso besser, wenn der Schulschwänzer mit der Einberufung einer solchen Gruppe einverstanden ist, aber es ist auch zu betonen, dass die Zustimmung des Schülers keine zwingende Voraussetzung ist. Die Helfergruppe ist nicht nur für diesen Schüler da, sondern z. B. auch für die Eltern, die in der Situation dringend Hilfe benötigen. Schließlich sind es am Ende die Eltern, von denen unsere Gesellschaft erwartet, sie hätten dafür zu sorgen, dass ihr Nachwuchs die Schule besucht.

Das Helferteam nimmt Kontakt zu dem Schüler auf:

> »Du bist uns wichtig. Wir haben Verständnis dafür, dass es manchmal aus welchen Gründen auch immer schwierig sein kann, in die Schule zu gehen. Damit bist du nicht allein. Viele von uns hatten auch schon mal Phasen, in denen es uns schwergefallen ist.
>
> Wir wünschen uns alle, dass du wieder zurückkommst, weil wir davon überzeugt sind, dass es für deine Zukunft wichtig ist, regelmäßig am Unterricht teilzunehmen. Wir sind bereit, dir zu helfen. Wir möchten mit dir sprechen und gemeinsam Wege finden, wie wir dich unterstützen können, damit du es schaffst, wieder in die Schule zu gehen.«

Im Folgenden finden Sie ein paar nützliche Hinweise, wie Sie diesen Ansatz in Ihrer Schule ausprobieren können, um Schulvermeidern zu helfen, dass sie wieder am Unterricht teilnehmen.

1) Vereinbaren Sie ein Treffen mit den Eltern des Schülers und schlagen Sie ihnen vor, eine Helfergruppe für ihr Kind zu bilden, die es dabei unterstützen soll, in die Schule zurückzukehren.
2) Erstellen Sie gemeinsam mit den Eltern eine Liste von Personen, die man zu der Helfergruppe dazubitten könnte. Außer Ihnen und den Eltern könnten das Menschen sein, die für den betreffenden Schüler wichtig sind – wie Großeltern, Geschwister, Cousinen, Onkel und Tanten sowie Freunde. Sie können auch überlegen, ob noch andere Leute wie Sporttrainer oder Musiklehrer infrage kommen.
3) Helfen Sie den Eltern beim Verfassen eines Einladungsbriefs an alle Personen, die gefragt werden sollen, ob sie mitmachen. Die Eltern könnten z. B. eine Whatsapp-Gruppe mit dem Schüler und allen Helfern erstellen und ihnen diese Nachricht zukommen lassen. Eine solche Einladung könnte etwa so klingen:

»Hallo,
wir sind Sabine und André Hartmann, die Eltern von Timo Hartmann. Wir schreiben Ihnen und euch gemeinsam mit Frau Pfeifer, Timos Klassenlehrerin. Bestimmt haben alle mitbekommen, dass Timo in diesem 6. Schuljahr seit x Wochen/Monaten nicht in die Schule gegangen ist, weshalb er im Unterrichtsstoff sehr hinterher ist und viele Schulveranstaltungen verpasst hat. Wir haben uns entschlossen, eine Helfergruppe zu bilden, die dafür sorgen soll, dass er sich in der Schule wieder wohlfühlt, und die ihn dazu motiviert, wieder zum Unterricht zu kommen. Wir laden Sie und euch dazu ein, bei dieser Gruppe mitzumachen, wo wir gemeinsam überlegen können, wie wir Timo helfen können. Timo ist in diesen Plan eingeweiht und weiß, welche Personen wir dazu ansprechen.

Wir möchten Sie und euch als Mitglieder von Timos Helfergruppe bitten, ihn zu kontaktieren und ihm Bescheid zu geben, dass die Einladung angekommen ist und ihr bzw. Sie gerne mit ihm am Telefon oder wenn möglich persönlich sprechen würden. Teilen Sie ihm mit, dass Sie/ihr ihm helfen wollen, wieder zur Schule zu gehen, und sich dazu mit ihm darüber verständigen möchten, in welcher Art und Weise man ihn am besten unterstützen kann.

Bitte geben Sie/ihr uns Bescheid, ob Sie bereit sind, unser Anliegen zu unterstützen, dass wir Timo wieder dazu motivieren, in die Schule zu gehen.

Vielen Dank!«

4) Bitten Sie die Eltern, ihrem Kind davon zu erzählen, dass sie mit Ihnen gesprochen haben und dass Sie dabei gemeinsam beschlossen haben, eine Helfergruppe z. B. auf Whatsapp zu erstellen, um ihm zu helfen, wieder in die Schule zu gehen. Ermutigen Sie die Eltern, ihrem Kind den Entwurf des Einladungsbriefes zu zeigen und ihm anzubieten, selbst auch an dem Gruppenchat teilzunehmen. Es ist wichtig, dass Sie alles, was zu diesem Zweck unternommen wird, transparent machen.
5) Wenn ein Schüler, sowie er von dem Plan einer Helfergruppe erfährt, ankündigt, dass er am nächsten Tag wieder zur Schule gehen will (um zu verhindern, dass diese Gruppe zustandekommt), können die Eltern den Plan natürlich verwerfen und sich für einen späteren Zeitpunkt aufheben, wenn ihr Kind doch wieder anfangen sollte, die Schule zu schwänzen. Regen

Sie an, dass die Eltern ihr Kind darüber informieren, dass sie als Erziehungsberechtigte nicht nur das Recht haben, sondern auch die Verantwortung dafür tragen, alles in ihrer Macht Stehende zu tun, damit das Kind zur Schule geht.

Jeder der Helfer kann auf seine Weise etwas zu dem Projekt beitragen. Ein Klassenkamerad könnte dem Schüler z. B. eine Nachricht schicken, dass er ihn vermisst, und eine andere Mitschülerin könnte sagen, dass sie auf dem Schulweg morgens vorbeikommen und mit ihm gemeinsam zur Schule laufen könnte. Die Lehrerin könnte anbieten, dem Schüler und seiner Familie täglich mitzuteilen, welche Hausaufgaben er zu erledigen hat, um mit dem Schulstoff mitzukommen. Der Beitrag der Eltern könnte sein, dafür zu sorgen, dass sie an den Tagen, an denen ihr Kind nicht in die Schule geht, trotzdem einen an die Schulzeiten angepassten Tag-Nacht-Rhythmus einfordern und zusehen, dass ihr Kind alle Schularbeiten und sonstigen Pflichten erledigt. Ein Großvater könnte ganz offen von den eigenen Schulerfahrungen in seiner Kindheit berichten und könnte seinem Enkel helfen, den Mut zu finden, wieder in die Schule zu gehen. Ein älterer Bruder könnte vorschlagen, den Schüler morgens mit dem Auto oder Motorrad mit zur Schule zu nehmen. Ein Beratungslehrer könnte anbieten, dem Schüler beizubringen, wie man besser mit Ängsten oder anderen emotionalen Herausforderungen zurechtkommt, die dem Schulbesuch im Wege stehen.

8 Loben

Positives Feedback für das erwünschte Verhalten von Schülern ist wahrscheinlich die wirksamste Art und Weise, ihr Verhalten zu beeinflussen. Damit das Lob aber auch den gewünschten Effekt zeigt, muss es bei demjenigen, den man lobt, ein gewisses Gefühl des Stolzes hervorrufen. Das geschieht aber keineswegs automatisch, daher ist es wichtig, darauf zu achten, in welcher Form man das Lob äußert. Wenn die Art des Lobens auf die Person und die Situation zugeschnitten ist, kann das bei demjenigen ein Gefühl der Genugtuung erzeugen und daher das Verhalten bestärken, für das er gelobt wird. Wenn man hingegen auf eine Art und Weise lobt, die nicht gut zu der Person und Situation passt, kann es seine Wirkung verfehlen oder sogar kontraproduktiv sein, wenn der Betreffende genervt und gereizt darauf reagiert.

Sie können die Wahrscheinlichkeit erhöhen, dass Ihr Lob bei den Schülern gut ankommt, indem Sie sich im Folgenden mit einer Reihe von verschiedenen Formen des Lobens vertraut machen. Wenn Sie verschiedene Methoden im Repertoire haben, ist es leichter, für bestimmte Situationen und Schüler, auf die Sie einwirken wollen, die richtige Variante zu finden.

Kollektives Lob

Wenn Lehrer einen einzelnen Schüler vor der ganzen Klasse loben, besteht immer die Gefahr, dass die anderen Schüler eifersüchtig und ungut darauf reagieren – z. B., indem sie dem Lehrer vorwerfen, er hätte seine Lieblingsschüler, oder indem sie den betreffenden Schüler, der gelobt wurde, schikanieren. Schüler müssen lernen zu akzeptieren, dass die Lehrer manchmal einzelne Schüler in Anwesenheit ihrer Mitschüler loben, aber das ist leichter gesagt als getan. Die Lehrer können versuchen, ihr Lob möglichst auf alle Schüler auszuweiten, aber das ist mitunter sehr schwierig, wenn nicht gar unmöglich. Schüler können extrem empfindlich sein, wenn es darum geht, ob das Lob gerecht verteilt wird, und sie gewinnen sehr schnell den Eindruck, die Lehrkraft sei parteiisch und würde einzelne Schüler bevorzugen. Eine Möglichkeit, wie Lehrer diese ungewollten Folgen vermeiden können, ist es, statt einzelne Schüler wann immer möglich Gruppen von Schülern oder die ganze Klasse kollektiv zu loben.

»Ich komme immer gerne in diese Klasse. Es ist schön, mit anzusehen, wie ihr euch gegenseitig unterstützt.«

»Eure Gruppe hat gute Arbeit gemacht. Ihr könnt wirklich stolz sein.«

»Vielen Dank an euch alle, dass ihr aufmerksam zugehört habt, als ich die Aufgabe erklärt habe.«

»Hier herrscht eine gute Klassenatmosphäre. Wie habt ihr das hinbekommen?«

Die ganze Klasse oder einzelne Schülergruppen zu loben hat günstige Folgeeffekte: Es gibt weniger Eifersucht und Konkurrenz unter den Schülern, und die Klassengemeinschaft wird gestärkt.

Geteiltes Lob

Eine andere Möglichkeit, wie man das Risiko von eifersüchtigen Reaktionen beim Lob einzelner Schüler vor der ganzen Klasse reduzieren kann, bezeichnen wir als *geteiltes Lob* oder *Anerkennung der Helfer*. Dabei erwähnen Sie beim Loben Einzelner auch immer die Klassenkameraden, die in irgendeiner Form dazu beigetragen haben, dass der Schüler sich dieses Lob verdient hat. Wenn Sie z. B. Sandra dafür loben, dass sie eine gute Mathearbeit geschrieben hat, erwähnen Sie auch die Mitschüler, die ihr beim Matheüben geholfen haben.

»Luca, ich habe gemerkt, dass du es diese Woche gut hinbekommen hast, morgens pünktlich zur Schule zu kommen. Wer hat dich dabei unterstützt? Wie möchtest du den anderen dafür danken?«

»Marie, darf ich etwas in dein Mitteilungsheft schreiben, um deinen Eltern zu berichten, dass dein Verhalten im Unterricht in dieser Woche sehr viel besser geworden ist? Ich weiß es sehr zu schätzen, dass ihr Mädchen euch da gegenseitig unterstützt.«

Damit sich geteiltes Lob ehrlich und authentisch anfühlt, bedarf es einer Klassenatmosphäre, in der es die Schüler gewohnt sind, sich gegenseitig zu helfen. Geteiltes Lob wirkt nicht nur vorbeugend gegen Neid und Eifersucht, es erleichtert es den Schülern auch, ein Lob besser annehmen zu können, und verbessert den Zusammenhalt der Gruppe.

Lob ohne Worte

Wenn wir über positives Feedback für Schüler sprechen, denken wir meistens daran, dass Lehrer ihre Schüler verbal loben, indem sie Dinge sagen wie:

»Gut gemacht!«

»Prima!«

»Da kannst du aber stolz sein, dass du das geschafft hast!«

Man muss aber nicht unbedingt mit Worten loben, es geht genauso gut in Form von Zeichen, Gesten oder anderen Arten der nonverbalen Kommunikation. Schüler, insbesondere Heranwachsende, sind oft »allergisch« auf lobende Worte. Aber selbst solche Schüler, die auf verbales Lob typischerweise gereizt reagieren, nehmen andere Formen von Komplimenten günstiger auf, wie z. B. anerkennend zu nicken, den Daumen hochzustrecken oder jemanden abzuklatschen.

Lob durch Nachfragen

Sie können auch durch Nachfragen Anerkennung zeigen, indem Sie den Schüler nicht für das, was er gemacht hat, loben, sondern indem Sie ihm Fragen stellen, die ihn zum Reflektieren bewegen, wie er es hinbekommen hat, und ihm so ermöglichen, auf seine Errungenschaft stolz zu sein. Positives Feedback durch Nachfragen ist häufig wirksamer als ein direktes Lob, wenn es darum geht, das Selbstbewusstsein des Schülers zu stärken. Durch das Nachfragen zeigt der Lehrer sein Interesse und veranlasst den Schüler zum Nachdenken darüber, wie er etwas gemeistert hat, sodass er sich dabei in gewisser Weise selbst lobt.

»Wie erklärst du dir, dass dir das so gut gelungen ist?«

»Du bist bei der Aufgabe diesmal viel schneller fertig geworden als letztes Mal. Willst du mir verraten, wie du das geschafft hast?«

»Nur vier kleine Fehler diesmal? Wie kommt's?«

»Du hast dich heute bei den Aufgaben sehr gut konzentrieren können. Woran liegt das? Wie hast du das gemacht?«

»Du singst in letzter Zeit viel besser. Wie machst du das?«

»Du hast diese Situation sehr gut in den Griff bekommen. Wie hast du es angestellt, dass es dir so gut gelungen ist?«

Indirektes Lob

Indirektes Lob durch eine andere Person bedeutet, dass Sie den Schüler nicht direkt ansprechen, sondern ihn gegenüber einer dritten Person loben – in der Erwartung, dass der betreffende Schüler früher oder später erfährt, was Sie hinter seinem Rücken Gutes über ihn verbreitet haben. Aus irgendeinem Grund hinterlässt diese Form von indirektem Feedback – bei der das Lob über eine dritte Person, sozusagen einen »Mittelsmann«, weitergeleitet wird – einen stärkeren Eindruck, als wenn man denjenigen von Angesicht zu Angesicht lobt.

»Darf ich deinen Eltern erzählen, wie gut du heute mitgemacht hast?«

»Deine Englischlehrerin hat mir gesagt, dass du neulich eine sehr gute Arbeit geschrieben hast.«

»Ich hab gehört, dass du die Kurve gekriegt hast und dieses Schuljahr im Vergleich zum letzten große Fortschritte gemacht hast.«

»Ich habe mit der Vertretungslehrerin gesprochen, und sie hat dich sehr gelobt. Soll ich dir erzählen, was sie gesagt hat?«

Lob durch Dank

Wenn Sie einem Schüler für etwas Tolles, das er gemacht hat, danken, kann das eine natürlichere Art von positivem Feedback sein, als ihn direkt zu loben. Viele Leute reagieren mit Skepsis – sei es offen ausgesprochen oder nur in Gedanken –, wenn sie gelobt werden. Wenn Sie z. B. ihrem Kollegen das Kompliment machen, er sei ein Computergenie, kommt das vielleicht weniger überzeugend rüber, als wenn Sie einfach nur sagen:

»Vielen Dank, dass du mir so toll mit dem Computer geholfen hast.«

So wird er wahrscheinlich eher mit einem »Gern geschehen!« antworten und das in den Dank verpackte Lob annehmen. Versuchen Sie, Ihr positives Feedback in Form eines Dankes zu formulieren, wann immer es angemessen erscheint. Statt einen Schüler dafür zu loben, dass er einem Klassenkameraden geholfen hat, könnten Sie sagen:

»Danke, dass du deiner Mitschülerin geholfen hast.«

Oder statt zur ganzen Klasse zu sagen: »Ich finde es toll, dass ihr euch so gut auf die Arbeit konzentriert«, sagen Sie lieber:

»Vielen Dank, dass ihr euch so auf die Arbeit konzentriert.«

Lob für den Versuch

Positives Feedback funktioniert normalerweise so, dass man jemanden für ein bestimmtes Verhalten lobt.

»Super, dass du daran gedacht hast, die Werkzeuge wieder wegzuräumen, als du damit fertig warst.«

»Als dein Tischnachbar die Aufgabe nicht richtig verstanden hat, hast du ihm sehr nett deine Hilfe angeboten. Das hat mich gefreut.«

Es ist allerdings zu betonen, dass man jemandem auch dafür loben kann, dass er sich bemüht hat – auch wenn er es noch nicht ganz geschafft hat, sich so zu benehmen, wie es von ihm erwartet wird.

Carol Dweck, Professorin an der Stanford University, hat anhand von Studien Folgendes nachgewiesen: Wenn man jemanden bereits für den Versuch lobt, fördert das den Lernprozess stärker, als wenn man ihn für die Erfolge lobt. Den Versuch anzuerkennen, stärkt eher das Durchhaltevermögen und die Selbstwirksamkeit, während das Lob für eine erfolgreiche Leistung auch leicht dazu führen kann, dass die Frustrationstoleranz sinkt und die jeweilige Person an sich zweifelt und möglicherweise schneller aufgibt, wenn die anstehenden Herausforderungen zunehmend schwieriger werden.

»Ich hab gesehen, dass du es wirklich probiert hast! Nächstes Mal klappt es bestimmt.«

»Hat noch nicht ganz geklappt, aber es war schon ein guter Versuch.«

»Ich finde es toll, dass du angefangen hast, dir zu überlegen, wie du deine Noten verbessern kannst. Das ist ein Schritt in die richtige Richtung.«

»Ja, aber du hast es viele Male versucht. Allein dafür hast du schon ein Lob verdient.«

»Ich hab gemerkt, dass ihr euch alle sehr bemüht habt, euch besser zu konzentrieren. Dafür danke ich euch.«

Wenn Sie Schüler dafür loben, dass sie sich bemühen und an der Sache dranbleiben und nicht gleich aufgeben, hat das einen nachhaltigeren Effekt, als sie einfach nur für ihre Leistungen und Erfolge zu loben. Anerkennung für das Versuchen fördert nicht nur das angestrebte Verhalten, es stärkt auch das Selbstbewusstsein der Schüler und ihr Gefühl der Selbstwirksamkeit.

Die Erlaubnis zum Loben

Es gibt Schüler, die auf Lob abwehrend und genervt reagieren. Wenn Sie Schüler für etwas, das sie geschafft haben, loben, antworten diese oft im Sinne von »Nein, das war überhaupt nicht gut« oder »Hören Sie bloß auf. Ich weiß selbst, dass das totaler Mist war«. Häufig liegt das daran, dass sie das Kompliment als eine Art Bevormundung empfinden und es daher nur schwer annehmen können. Probieren Sie in solchen Fällen aus, statt eines Lobes mit Worten auf nonverbale Weise zu loben, denn viele Schüler, insbesondere Teenager, erreicht man eher, wenn das Kompliment ohne Worte ausgedrückt wird. Noch eine andere Alternative besteht aber darin, den Schüler zu fragen, ob Sie ihn loben dürfen. Das Kompliment kommt besser an, wenn der betreffende Schüler Ihnen grünes Licht dafür gegeben hat.

»Ich würde eure Klasse gerne loben. Darf ich das? Wollt ihr wissen, was ich euch zu sagen habe?«

»Ich habe aus der Gerüchteküche gute Dinge über dich erfahren. Willst du wissen, was ich gehört habe? Darf ich dir ein Kompliment machen? Bist du dir sicher, dass du das verkraftest?«

»Deine Englischlehrerin hat dich sehr gelobt. Weißt du, was sie gesagt hat?«

Wenn man um Erlaubnis bittet, bevor man jemanden lobt, führt das nicht nur dazu, dass Schüler, die darauf sonst allergisch reagieren, das Kompliment auch wirklich an sich heranlassen, es ist auch einfach eine respektvolle und wertschätzende Geste, um Anerkennung zu zeigen.

Vergleichendes Lob

Alle Schüler sind Individuen und lernen die Dinge in ihrem eigenen Tempo. Wenn wir sie beobachten, können wir oft nicht umhin, sie miteinander zu vergleichen. Es besteht also das Risiko, dass wir etwas sagen, das ihnen das Gefühl gibt, wir würden Sie mit anderen Schülern vergleichen.

> »Vor dir kenne ich so was gar nicht. Du bist viel schlauer als viele der anderen Jungs in deiner Klasse.«
>
> »Ich weiß es zu schätzen, dass du so engagiert mitmachst im Unterricht. In deiner Klasse gibt es viele Mitschüler, die sich noch kein einziges Mal gemeldet haben.«
>
> »In dieser Klasse herrscht eine bessere Atmosphäre als in den meisten anderen an dieser Schule. Seht zu, dass das so bleibt.«

Für Schüler ist es nicht leicht, positives Feedback vom Lehrer anzunehmen, wenn das Lob für die einen Schüler die Kritik an anderen mit einschließt. Daher ist es wichtig, beim Loben diesen Vergleich der Schüler untereinander zu vermeiden. Wenn Sie dennoch irgendeine Form des Vergleichs anstellen möchten, ist es am besten, wenn Sie die jetzigen Leistungen bzw. Verhaltensweisen des Schülers mit seinen vorherigen vergleichen.

> »Amir, du bist diese Woche oft pünktlich zur Schule gekommen. Das hat viel besser geklappt als letzte Woche. Sehr gut! Darf ich ein Smiley in dein Hausaufgabenheft zeichnen?«
>
> »Lisa, du hast deine Hausaufgaben in diesem Schuljahr ordentlich erledigt. Du kannst stolz darauf sein, wie du dich seit letztem Herbst verbessert hast.«

Wechselseitiges Lob

Wenn wir über positives Feedback in Schulen sprechen, sollten wir nicht nur darauf schauen, wie Lehrer durch Loben Einfluss auf ihre Schüler gewinnen können, denn die Komplimente von Mitschülern sind wahrscheinlich noch wirksamer als die von Lehrern. Aus diesem Grund sollten sich Schulen damit befassen, wie sie eine Kultur im Umgang schaffen können, in der die Schüler mit einer Kommunikationsweise vertraut sind, bei der sie sich gegenseitig loben.

Schüler wissen ganz genau, wie man andere für ihre Fehler und Missgeschicke fertigmacht und verspottet, ohne dass ihnen das jemals einer beibringen musste. Aber sich gegenseitig zu ermutigen, zu loben und Anerkennung zu zeigen sind Fähigkeiten, die Schüler gründlich lernen und einüben müssen, um sie zu verinnerlichen.

Die Methode *Zwei Sterne – ein Wunsch* ist ein beliebtes Tool, um Kindern beizubringen, wie sie sich gegenseitig in einer konstruktiven Weise Komplimente machen können. Bei dieser Methode lernen die Schüler, drei Kommentare über etwas, das ein anderer gemacht hat, abzugeben: zwei Kommentare – oder Sterne – darüber, was sie gut fanden, und eine Bemerkung – oder einen Wunsch – dazu, was der betreffende Schüler ihrer Meinung nach noch besser machen könnte.

Eine andere Methode, die vielleicht noch besser zu den hier vorgestellten Prinzipien passt, ist es, den Schülern beizubringen, wie sie die Kunst des geteilten Lobes praktizieren können. Damit ist gemeint, dass Schüler so über ihre Erfolge sprechen, dass sie dabei auch allen Mitschülern danken, die ihnen dabei geholfen haben. Anderen für die Unterstützung zu danken, ist eine ganz natürliche und unkomplizierte Art und Weise des indirekten Lobens.

9 Motivation

In der Redensart »Wo ein Wille ist, ist auch ein Weg« steckt eine wichtige Wahrheit: Was auch immer es sein mag – wenn eine Person sich wirklich vornimmt, etwas Bestimmtes zu lernen, wird sie es wahrscheinlich auch schaffen. Mit anderen Worten: Wer motiviert ist, ein Ziel zu erreichen, wird es vermutlich erreichen, und wem die Motivation fehlt, der wird aller Voraussicht nach scheitern. Motivation ist also die treibende Kraft, die uns unseren Zielen näherbringt – kein Wunder, dass sie eine wichtige Rolle dabei spielt, Lernerfolge zu erzielen.

Der lösungsfokussierte Ansatz beruft sich auf eine bestimmte Auffassung von Motivation. Hier ist ein Versuch, diese Haltung in eine Formel zu fassen:

Motivation = (Attraktivität des Ziels) x (Zuversicht) x (das Gefühl, Fortschritte zu machen) x (Bereitschaft, Rückschläge wegzustecken und Hindernisse zu überwinden)

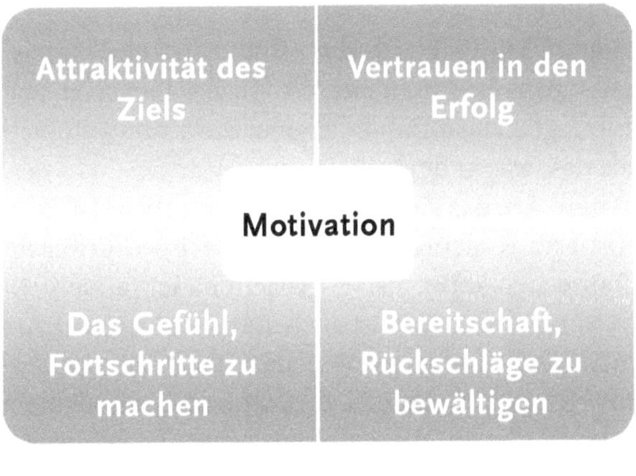

Diese Formel soll ausdrücken, dass die Intensität der Motivation, ein angestrebtes Ziel zu erreichen, davon abhängt,

1) wie interessant und attraktiv das Ziel für diese Person ist
2) wie überzeugt die Person davon ist, dass sie das Ziel erreichen kann

3) in welchem Ausmaß die Person das Gefühl hat, dass sie Fortschritte macht und
4) wie groß das Durchhaltevermögen angesichts von möglichen Rückschlägen und Hindernissen ist.

Aus dieser ganz simplen Definition von Motivation lassen sich ganz konkrete Vorschläge ableiten, wie man die Motivation von Schülern bei Lernprozessen erhöhen kann.

Die Attraktivität des Ziels

Wenn das gesetzte Ziel etwas Erstrebenswertes ist, das die Person sich sehr stark wünscht, ist die Motivation in der Regel hoch, und wenn die Person überhaupt kein Interesse an dem Ziel hat, ist sie auch wenig motiviert. Wenn jemand etwas wirklich will und höchst motiviert ist, lässt sich das schon am Augenausdruck ablesen.

Die Attraktivität des Ziels richtet sich danach, inwieweit sich die Person im Erfolgsfalle davon einen Nutzen verspricht. Wenn jemand glaubt, dass es viele Vorteile mit sich bringt, ist er eher bereit, sich dafür anzustrengen. Auf der anderen Seite wird eine Person, die sich keinerlei Vorzüge vom Erreichen des Ziels verspricht, sich nur schwerlich dafür begeistern.

Eine Möglichkeit, wie sich die Attraktivität eines Ziels erhöhen lässt, besteht darin, dass man sich die Ziele selbst setzt, statt sie von anderen auferlegt zu bekommen. Eigene Ziele sind automatisch interessanter als das, was andere von einem erwarten.

Eine weitere Art, das Ziel attraktiver zu machen, ist es, der betreffenden Person zu verdeutlichen, dass sie sich im Erfolgsfalle mehr Vorteile versprechen kann, als sie gedacht hatte. Je mehr Nutzen sie darin sehen kann, desto eher ist sie bereit, es in Angriff zu nehmen. Um andere Menschen zu einer Verhaltensänderung zu bewegen, besteht unsere Motivationsstrategie oft darin, dass wir all die negativen Konsequenzen auflisten, die eintreten, wenn wir so weitermachen wie bisher und uns nicht auf eine Veränderung einlassen. Diese Strategie funktioniert aber in der Regel nicht. Es ist besser, sich auf die positiven Effekte zu konzentrieren, die das angestrebte Vorhaben mit sich bringt.

Beispiele für negative Konsequenzen	Beispiele für die Vorzüge eines Ziels
Du verlierst Freunde.	Du wirst neue Freunde gewinnen.
Du bekommst keinen Job.	Deine Großeltern werden stolz auf dich sein.
Du musst die Klasse wiederholen.	Du wirst bessere Noten bekommen.
Du wirst bestraft.	Du wirst es leichter an die Uni schaffen.
Du wirst von der Schule fliegen.	Du kannst einer Fußballmannschaft beitreten.
Du wirst keinen Abschluss bekommen.	Du wirst mehr Zeit für deine Hobbys haben.
Du wirst im Gefängnis landen.	Du kannst auf Reisen gehen.
Du wirst in einem Heim landen.	Du wirst beliebter sein.
Du wirst krank werden.	Man wird dir vertrauen.
Du wirst es nie zu etwas bringen.	

Zuversicht auf Erfolg

Die Tatsache, dass jemand ein bestimmtes Ziel attraktiv und nützlich findet, reicht allerdings noch nicht für den nötigen Motivationsschub, die Sache auch anzupacken. Er muss auch die Zuversicht haben, dass das Ziel wirklich realistisch und in Reichweite ist. Erst dann ist er bereit, ein Ziel in Angriff zu nehmen. Wie stark unser Selbstvertrauen und Optimismus ausgeprägt sind, hängt u. a. von folgenden Faktoren ab:

1) Was für Erfahrungen haben wir mit vergleichbaren Zielen bisher gemacht? (»Ich hab das schon mal hinbekommen.«)
2) Wie viel Hilfe und Unterstützung bekommen wir von anderen Menschen? (»Ich habe Leute, die mich unterstützen.«)
3) Haben wir das Gefühl, dass wir uns langsam bzw. in kleinen Schritten dem Ziel nähern? (»Rom wurde auch nicht an einem Tag erbaut.«)
4) Glauben wir, dass das, was für das Erreichen des Ziels nötig ist, Spaß machen wird und uns befriedigen wird? (»Das wird großen Spaß machen!«)

5) Was denken andere unserer Meinung nach, wie hoch die Chancen stehen, dass wir das Ziel erreichen? (»Alle glauben daran, dass ich es schaffen kann.«)

Die Attraktivität des Ziels in Verbindung mit der Zuversicht auf Erfolg reicht aus, um das Feuer zu entfachen, aber es bleibt ein Strohfeuer, wenn man nichts unternimmt, um die Flamme am Brennen halten.

Das Gefühl, Fortschritte zu machen

Motivation kann schnell wieder schwinden, wenn sie nicht aufrechterhalten wird. Am besten kann man dem vorbeugen, wenn man dafür sorgt, dass die betreffende Person spürt, dass sie vorankommt und ein bisschen stolz auf die Schritte in die richtige Richtung sein kann. Dabei spielen andere Menschen eine wichtige Rolle – deren Aufmerksamkeit und positives Feedback macht es einem leichter zu merken, dass es vorangeht. Es ist nicht so einfach, stolz auf seine Errungenschaften zu sein, wenn keiner etwas davon mitbekommt, und andersherum wird es umso leichter, wenn das Umfeld am eigenen Fortschritt anerkennend Anteil nimmt.

Eine solide Motivation kann sich entwickeln, wenn das Ziel im Einklang mit den eigenen Werten steht, wenn wir daran glauben, dass wir es schaffen können, und wenn wir auf unsere Erfolge stolz sind. Es gibt aber noch eine weitere Variable in unserer Gleichung für die Motivation, die dazu beiträgt, dass wir ausreichend motiviert sind, bis zum Ziel durchzuhalten.

Sich auf Rückschläge einstellen

Projekte, die gut angefangen haben, geraten oft etwas in den Hintergrund oder verlaufen sich ganz, wenn die Person den Mut verliert oder frustriert ist, weil sie Rückschläge erfahren hat oder das Gefühl hat, dass sie nicht gut genug vorankommt. Die Angst vor Versagen und Fehlern kann einen entmutigen und die anfangs hohe Motivation schmälern. Das Mittel gegen Versagensangst ist *Durchhaltevermögen* oder *Entschlossenheit*, heutzutage auch bekannt als *growth mindset* (im Deutschen etwa »dynamisches Selbstbild«, Anm. d. Ü.) – ein Begriff, den Carol Dweck, eine international anerkannte Motivationsforscherin, geprägt hat.

Auch wenn wir Durchhaltevermögen als eine genetisch determinierte Charaktereigenschaft ansehen, lässt sie sich durch die Art beeinflussen, wie die Leute aus unserem Umfeld und in der Gesellschaft, in der wir leben, auf unsere Fehler und Missgeschicke reagieren. Wenn man Angst hat, für seine Fehler bestraft zu werden, bestärkt das die Angst vor den Fehlern, und wenn wir hingegen nachsichtiger mit uns selbst sind und eine verzeihende Haltung zu Fehlern entwickeln, kann das unser Durchhaltevermögen bestärken.

Es gibt sehr interessante Youtube-Videos darüber, wie eine Sonderschullehrerin mit autistischen Kindern arbeitet – dabei wird das Kind nicht nur dafür gelobt, dass es eine Aufgabe geschafft hat, sondern auch schon für den Versuch. Wenn das Kind die Aufgabe dann meistert, nimmt die Lehrerin mit ihm Augenkontakt auf, gibt ihm ein High Five und sagt mit freundlicher Miene: »Gut gemacht!« Wenn das Kind die Aufgabe nicht bewältigt, gibt die Lehrerin ihm gleichermaßen ein High Five und sagt mit demselben Gesichtsausdruck: »Guter Versuch!« Dadurch, dass die Lehrerin auch schon für den Versuch Anerkennung zollt, bestärkt sie gezielt das sonst eher gering ausgeprägte dynamische Selbstwertgefühl.

Pirrko Simojoki ist eine finnische Musik- und Instrumentallehrerin für Bratsche, die sich auf den Unterricht mit Kindern spezialisiert hat. Sie glaubt, dass alle Kinder, die ein Instrument lernen – und das gilt genauso für Erwachsene –, angeleitet werden sollten, eine offene neugierige Haltung gegenüber Fehlern zu entwickeln, wie es z. B. auch für Wissenschaftler ganz selbstverständlich ist. In der Welt der Wissenschaft liefern Fehler wertvolle Informationen, denn die Erkenntnisse über Fehler ermöglichen es einem, sie in Zukunft zu vermeiden und bessere Ergebnisse zu erzielen.

Frau Simojoki hat eine Reihe von tollen Methoden entwickelt, mit denen sie ihren Schülern beibringt, wie man mit neugierigem Blick auf Fehler schauen kann. Eine Methode heißt »Uups-Karte«. Dies ist eine große Pappe, auf die das Kind jedes Mal einen lustigen Aufkleber klebt, wenn es merkt, dass es einen Fehler gemacht hat, der sich korrigieren lässt. Wenn das ganze Feld mit Aufklebern voll ist und es keine freien Stellen mehr gibt, bekommt das Kind den ehrenhaften Titel eines »Uups-Meisters«. Eine positive und neugierige Sicht auf Fehler – d. h., Fehler zu bemerken und sie zu beheben – hilft Kindern, ihre Einstellung dazu zu verändern. Mit der Uups-Karte können sie ihre Angst vor Fehlern überwinden und diese im ganz natürlichen Lernprozess als etwas Kostbares ansehen.

Im besten Falle lernen Kinder nach und nach, ihre Fehler schon vorauszusehen – früh genug, um sie noch rechtzeitig beheben zu können. Diese Art von kleinen Missgeschicken werden »Super-Uups« genannt und mit zwei Aufklebern belohnt.

Zusammenfassung

Je vertrauter Sie mit dem lösungsfokussierten Ansatz werden, desto besser können Sie erkennen, dass er auf den Annahmen basiert, die die entscheidenden Bausteine für Motivation darstellen. Aus diesen Bausteinen ergibt sich ein Set von praktischen Tipps, wie Lehrer und Erzieher die Motivation ihrer Schüler steigern können.

- Lassen Sie die Schüler ihre eigenen Lernziele setzen – soweit es im Rahmen des jeweiligen erzieherischen Kontextes möglich ist.
- Helfen Sie den Schülern zu erkennen, welche Vorteile sie von den gesetzten Zielen zu erwarten haben.
- Stärken Sie das Selbstvertrauen der Schüler, indem Sie ihre Aufmerksamkeit darauf richten, was diese schon gelernt und welche Herausforderungen sie bereits gemeistert haben.
- Sorgen Sie dafür, dass Ihre Schüler einen leichten Zugang zu Hilfsangeboten durch Mitschüler oder andere Personen bekommen.
- Gestalten Sie Ihren Unterricht so spaßbetont wie möglich.
- Vermitteln Sie Ihren Schülern, dass Sie ihnen etwas zutrauen.
- Unterteilen Sie Lernziele in kleine Schritte und helfen Sie den Schülern, auf jeden kleinen Schritt stolz zu sein.
- Sorgen Sie für eine Schulkultur, in der es eine positive, neugierige und mutmachende Einstellung zu Fehlern und Missgeschicken gibt.

10 Fallbeispiele

Inzwischen kann man sich in vielen Ländern weltweit als Coach für die *Ich schaffs*-Methode zertifizieren lassen – wenn man sich den Ansatz, den ich in diesem Buch beschrieben habe, zu eigen gemacht hat. Eine der Voraussetzungen für die Zertifizierung ist, dass der Kandidat einen Fallbericht einreicht, der beschreibt, wie er mit dem Kompetenzansatz mit Kindern oder Heranwachsenden gearbeitet hat. Über die Jahre haben wir so ein Archiv mit unzähligen Fallbeispielen zusammengetragen, die zeigen, wie kreativ Menschen in den unterschiedlichen Ländern diese Methode erfolgreich in die Tat umgesetzt haben.

Ich habe ein paar dieser Beispiele für Sie ausgewählt und die Berichte zur besseren Verständlichkeit ein wenig bearbeitet und anonymisiert.

»Mission Organised«

Die folgende Geschichte stammt von einer Heilpädagogin.

> Nachdem ich an einem Workshop über die Anwendung des Fähigkeitsdenkens in Schulen teilgenommen hatte, war ich voller Ideen und wollte die Prinzipien an meiner Schule ausprobieren. Als ich mich mit einer Kollegin darüber unterhielt, was ich gelernt hatte, fragte sie mich, ob ich den Schülern ihrer 3. Klasse helfen könne, die Fähigkeit zu erlernen, ihre Schulsachen und den Klassenraum in Ordnung zu halten. Sie fand, dass ihre Schüler extrem unordentlich waren. Sie hatten nicht die richtigen Arbeitsmaterialien und Bücher dabei und vergaßen immerzu irgendwas. Wir verabredeten einen Termin für den Beginn des Projekts, und ich bereitete ein paar Fragen und Themen vor, die wir mit der Klasse diskutieren wollten.
>
> In der ersten Unterrichtseinheit saßen wir alle im Kreis auf dem Teppich, und ich erzählte den Schülern von dem Workshop, an dem ich teilgenommen hatte. Ich sagte ihnen, dass es eine Fähigkeit gäbe, die sie lernen müssten. Sie hatten sofort eine Vermutung, wovon ich spreche, und natürlich lagen sie zu 100 Prozent richtig. Wir fingen also an, auf einem Flipchart mit farbigen Stiften Ideen sammeln. Ich sah zu, dass jedes Kind gleichberechtigt die Chance bekam, etwas zu sagen.

Nachdem wir das Problem umrissen hatten, begannen wir, uns auf die Fähigkeit zu konzentrieren, die nötig war – es war: Ordnung halten. Nicht alle Schüler waren davon überzeugt, dass sie das unbedingt lernen müssten, besonders ein Junge fand es völlig überflüssig. Da das Projekt aber die ganze Klasse betraf, vermittelten die anderen Schüler ihm, dass er eben einfach mitmachen müsse – schon allein, um den anderen zu helfen. Die notwendigen Fähigkeiten lauteten im Einzelnen:

- Wir sehen zu, dass wir alle nötigen Schreibsachen in unserem Mäppchen haben.
- Wir sagen unseren Eltern Bescheid, wenn wir irgendwelche neuen Materialien für die Schule brauchen.
- Wir halten unsere Schulranzen, Schließfächer und Tische sauber und ordentlich.
- Wir halten das Klassenzimmer sauber und ordentlich.

Wir listeten auch noch auf, welche Vorteile uns diese Fähigkeiten verschaffen würden:

- Wir haben eine angenehmere Lernatmosphäre.
- Wir haben alles dabei, was wir zum Lernen brauchen.
- Wir werden Grund haben, stolz auf uns zu sein.
- Wir verlieren keine Zeit mit der Suche nach bestimmten Materialien.
- Wir werden nicht mehr so viele Dinge verlieren.

Wir dachten uns einen Namen für die Fähigkeit aus: »Mission Organised«. Als Krafttier für unsere Mission haben wir den Springbock gewählt – unser Nationaltier und auch das Maskottchen des nationalen Rugby-Teams. Ich verwendete dieses Tier als Symbol, um die Schüler im Verlaufe des Schultags an ihre Aufgabe zu erinnern. Ich klebte einen Springbock-Aufkleber an die Schließfächer, einen auf jeden Tisch und auch ein paar an die Tafel im Klassenzimmer.

Als Nächstes überlegten wir, wer die Helfer sein sollten. Die Kinder wünschten sich neben mir die Klassenlehrerin, ihre Eltern und die anderen Drittklässler. Wir bezogen die Klassenlehrerin und die anderen Drittklässler mit ein, indem wir mit ihnen besprachen, warum sie glaubten, dass diese Klasse es schaffen könnte, die Fähigkeit zu erlernen, Ordnung zu halten. Wir sprachen auch in aller Ausführlichkeit darüber, wie die Klasse feiern würde, wenn sie am Ziel angekommen sei. Wir planten, dass alle am Tag der Feier in normaler Kleidung statt Schuluniform zur Schule kommen dürften und mit heißer Schokolade und Popcorn einen Film anschauen und an dem Tag keine Hausaufgaben bekommen würden.

Wir trafen die Vereinbarung, dass sie ihre Fähigkeit unter Beweis stellen müssen, indem sie an zehn aufeinanderfolgenden Tagen die Klasse und ihre Tische sauber und ordentlich halten, ohne dass die Lehrerin jemals dafür den Unterricht unterbrechen und die Schüler dazu anhalten muss aufzuräumen.

Wir besprachen auch, wie die Lehrerin die Klasse daran erinnern solle, wenn sich wieder Unordnung breitmachte. Sie hatte ein Schild mit der Aufschrift *Mission Organised* an einem Stab befestigt – dieses Signal reichte aus, den Schülern vor Augen zu führen, dass sie wieder ein bisschen aufräumen mussten. Nach ein paar Tagen sprach ich mit der Lehrerin, und wir kamen überein, dass es für die Kinder vielleicht ein bisschen zu viel verlangt war, zehn Tage in Folge durchzuhalten. Daher beschlossen wir, die Anforderung auf fünf Tage zu reduzieren, an denen die Schüler alles sauber und ordentlich halten sollten, ohne dass die Lehrerin eingreifen musste.

Der nächste Schritt bestand darin, anderen von der angestrebten Fähigkeit und unserem Plan zu erzählen. Damit die Kinder wussten, welche Arbeitsmaterialien sie ersetzen oder auffüllen mussten, stellte ich ihnen eine Checkliste mit den nötigen Dingen zusammen. Jedes Kind musste sein Mäppchen durchsehen, aufschreiben, was fehlte, und die Liste dann seinen Eltern zeigen. Außerdem stellte ich eine Nachricht in das Klassenportal, um die Eltern über unser Vorhaben zu informieren und ihnen zu sagen, was sie dazu beitragen können.

Mit der Checkliste gelang es den meisten Kindern bald, alle nötigen Materialien mitzubringen, und es bedurfte nur weniger Erinnerungen. Die Kinder machten gut mit und brauchten lediglich ab und zu einen kleinen Schubs, um sich wieder an die Fähigkeit zu erinnern. Nach einer Woche hatten sie ihre fünf aufeinanderfolgenden ordentlichen Tage zusammen, die sie für die Feier brauchten. Das Fest wurde für den darauffolgenden Freitag geplant. Wir informierten die Eltern, dass wir den Erfolg feiern würden. Viele Kinder brachten Süßigkeiten und Snacks für alle mit und dankten ihren Helfern. Der Schulleiter bat mich, in unserem Rundbrief einen kurzen Artikel darüber zu schreiben, wie ich die lösungsfokussierte Psychologie bei Drittklässlern eingesetzt hatte.

Diese Erfahrung hat mich so bestärkt, dass ich mich jetzt schon darauf freue, dieselben Ideen in die Arbeit mit kleineren Gruppen von Kindern oder auch mit einzelnen Schülern einfließen zu lassen.

»Bestis«

Diese Geschichte hat mir der Lehrer einer Sonderschulklasse erzählt.

Ich bekam eine Klasse, in der es FÜNF JUNGEN UND EIN MÄDCHEN mit einem Förderbedarf zweiten oder dritten Grades gab. Die meisten hatten die Diagnose ADHS oder Autismus-Spektrum-Störung oder sogar beides, alle hatten Verhaltensprobleme. Sie waren störrisch, impulsiv und auf Krawall gebürstet – und ich hatte das Gefühl, dass sie mir einfach auf der Nase herumtanzen.

Anfangs überlegte ich nur, wie ich es schaffen soll, mit ihnen zurechtzukommen, aber als ich mich näher mit dem Thema befasste, stieß ich auf einige Bücher über die Anwendung der lösungsfokussierten Psychologie in Schulen. Dieser Ansatz erschien mir vielversprechend, und ich hatte das Gefühl, dass er mir eine Methode an die Hand gibt, wie ich positiv auf meine Schüler einwirken kann.

Ich begann einen Gedankenaustausch mit meinen Schülern darüber, in welcher Art von Schule und in was für einer Klasse es ihnen Spaß machen würde zu lernen. Die kognitiven Fähigkeiten der Schüler waren einwandfrei, und sie waren sehr willig, mit mir gemeinsam eine Vorstellung davon zu entwickeln, wie ihre ideale Schule aussehen müsste. Es wurden auch einige alberne Ideen geäußert – z. B. schlug ein Schüler vor, es solle einen kostenlosen Süßigkeitenautomaten in jedem Klassenzimmer geben. Im Großen und Ganzen sprachen wir aber über relevante Grundschulfähigkeiten, wie beispielsweise seine Hausaufgaben zu erledigen, auf seine Sachen aufzupassen und im Unterricht aufmerksam zu sein. Aus unserem Gespräch entstand die Idee eines Projekts mit dem Namen »Bestis« (i. S. v. »Beste Freunde«, Anm. d. Ü.).

Gemeinsam überlegten wir, wie wir den erfolgreichen Verlauf des Projekts feiern würden und wie jeder einzelne Schüler von dem Projekt profitieren könne. Den Schülern gefiel die spielerische Herangehensweise. Es fühlte sich so an, als würden wir gemeinsam auf eine Schatzsuche gehen. Wir formulierten gemeinsam ein Bewerbungsschreiben an die Schuldirektorin, in dem wir sie fragten, ob sie die Schirmherrschaft für unser Projekt übernehmen würde. Die Schüler, die Sprachförderung oder Ergotherapie hatten, baten ihre Therapeuten, als Helfer zu dienen. Ich informierte alle Eltern über das Projekt und ermunterte sie, ihre Kinder aktiv zu unterstützen. Jedes Kind gestaltete seinen eigenen Bestis-Ordner, in den es seine Bestis-Fähigkeit schrieb und die Vorteile auflistete, die das Erreichen des Ziels mit sich bringen würde. Auf einer Seite schrieben sie die Namen ihrer Helfer, und es gab auch eine Seite für die Zeichnung eines Krafttiers oder einer imaginären Helferfigur.

Als erstes kollektives Vorhaben strebten sie die »Hausaufgabenfähigkeit« an. Als alle Schüler diese Fähigkeit an fünf aufeinanderfolgenden Tagen unter Beweis gestellt hatten und die jeweiligen Hausaufgaben vom Vortag vollständig waren, feierten wir diesen Erfolg, indem wir in einer Unterrichtsstunde ein Spiel spielten, das die Schüler sich ausgesucht hatten. Diese Belohnung war gleich zu Beginn ein starker Motivationsfaktor. Aber über kurz oder lang fingen die Schüler an, auch noch weitere Vorzüge der Bestis-Fähigkeit zu erkennen. Manche konnten besser schlafen, hatten morgens wieder mehr Lust, in die Schule zu gehen, die Eltern waren zufriedener und so weiter. Neben der Fähigkeit, die Hausaufgaben zu erledigen, entwickelten die Schüler auch noch andere kollektive Fertigkeiten, z. B.: »Das geht mich nichts an«, wo es darum ging, dass sich alle um ihren eigenen Kram kümmern und im Unterricht nicht die Nase in die Angelegenheiten anderer stecken; »Tisch-Ordnung« hieß die Fähigkeit, die Tische in Ordnung zu halten; bei »Freundlich bleiben« ging es darum, dass die Schüler sich Äußerungen wie »Langweilig!«, »Kein Bock!« oder »Ich hab keine Lust« verkneifen.

Neben den kollektiven Fähigkeiten hatte jeder Schüler auch eine persönliche Fähigkeit, die er sich aneignen wollte. Ein Schüler hatte folgendes Problem: Wenn er Hilfe brauchte, wandte er sich sehr fordernd an mich oder die anderen Erwachsenen, die in der Klasse mitarbeiteten, und war auf der anderen Seite gereizt, wenn ein Erwachsener Hilfe anbot, er aber gar keine zu brauchen meinte. Die Kinder nannten das, was er lernen sollte, einfach die »Hilfe-Fähigkeit«. Zum Üben machten wir ihm ein laminiertes Schild, das auf seinem Tisch lag. Die eine Seite war orange und die andere grün. Auf der orangenen Seite stand: »Würden Sie mir bitte helfen? :)«, und auf der grünen Seite: »Danke, ich brauche im Moment keine Hilfe. :)« Mit diesem Schild kommunizierte der Junge mit den Erwachsenen, die schon von Weitem sehen konnten, ob er Unterstützung benötigte, und er lernte, den Erwachsenen auf eine höfliche Weise zu vermitteln, ob er sie brauchte oder nicht.

Das Projekt »Bestis« dauerte das ganze Schuljahr. Im Frühling feierten wir den Erfolg mit einer Party, bei der jeder Schüler erzählte, welche Fähigkeiten er gelernt hatte, und anschließend seinen Helfern dankte. Die stellvertretende Schulleiterin besuchte unsere Klasse und überreichte jedem Schüler persönlich ein Zertifikat für die erfolgreiche Teilnahme an dem Projekt. Am Schluss gab es Kuchen, und wir spielten die ganze Unterrichtsstunde lang Spiele.

Am Beginn des nächsten Schuljahres hatte ich bei einer großen Konferenz mit Lehrern verschiedener Schulen die Gelegenheit, meinen Kollegen kurz das Projekt »Bestis« vorzustellen. Dabei zeigte ich ein Video, in dem die Schüler stolz über die erworbenen Fähigkeiten berichteten.

Das Fähigkeitsdenken zieht sich wie ein roter Faden durch unsere Art der Begleitung von Kindern mit schwierigem Verhalten, und ich bin von der Wirksamkeit der Methode absolut überzeugt. Diese Denkweise hat mir immer wieder geholfen, Ruhe zu bewahren, die Hoffnung nicht aufzugeben und in meiner Arbeit konsequent dranzubleiben. Die Schüler haben eine positive Haltung gewonnen, ihr Selbstbewusstsein ist gewachsen, und sie haben die Chance bekommen zu spüren, dass sie zur Lösung ihrer Probleme aktiv etwas beitragen können. Und das Beste vom Ganzen war: Wir hatten eine Menge Spaß!

»Der unsichtbare Schutzschild«

Dies ist die Fallgeschichte einer Lehrerin.

Dies ist ein Bericht darüber, wie ich das Fähigkeitsdenken bei der 13-JÄHRIGEN EMMA eingesetzt habe. Emma besucht unsere Schule seit der 1. Klasse. Sie war mir nicht weiter aufgefallen, bis sie in die 6. Klasse kam, in die auch mein Sohn ging. Mittags erzählte mein Sohn mir oft davon, was dieses kleine Mädchen alles durchmachen musste. Ihre Mitschüler machten sich über sie lustig und hänselten sie. Ich sprach die Klassenlehrerin darauf an und fragte im Verlauf des Schuljahrs immer wieder mal nach, wie es Emma ging. Die Lehrerin erzählte mir, dass sie keine Schikanierereien bemerkt habe, und auch mein Sohn sagte, dass die Hänseleien aufgehört hätten. Emma ist jetzt in der 7. Klasse, und da ich diese Klassenstufe unterrichte, nahm ich Kontakt zu ihr auf und konnte eine vertrauensvolle Beziehung aufbauen.

Wir unterhielten uns seit etwa einem Monat in unregelmäßigen Abständen, als sie anfing, mir von einer üblen Beschimpfung zu erzählen, die ihr widerfahren war. Ich nahm mir vor, die Jungs, die sie geärgert hatten, darauf anzusprechen. Ich wollte ihnen begreiflich machen, wie sehr ihre Beleidigungen Emma verletzt hatten. Die Jungs hörten dann zwar auf, sie zu ärgern, aber schon bald fingen andere Kinder an, sie zu mobben. Mir wurde klar: Wenn ich diesem Mädchen wirklich helfen wollte, würde es nichts nützen, einfach nur das Mobben zu beenden, denn es würden sich immer wieder neue Kinder finden, die es auf sie abgesehen haben. Ich begriff, dass sie selbst eine Fähigkeit lernen musste, mit der sie sich emotional stärken und sich gegen die Mobber wehren konnte. Bisher hatte Emma versucht, sich zu verteidigen, indem sie auf die Kränkungen ihrerseits mit Beschimpfungen reagierte und manchmal auch tätlich wurde. Sie sagte, sie sei es leid, die Lehrer um Hilfe zu bitten, weil es sowieso nichts bringe.

Ich wollte ihr beibringen, die Gängeleien zu ignorieren, aber das war schwieriger als gedacht. Ich wollte ihr auch helfen zu erkennen, was sie für gute Seiten hatte, aber das schien schier unmöglich. Sie konnte sich selbst überhaupt nicht leiden, und daher glaubte sie auch nicht, dass irgendetwas Lobenswertes an ihr zu finden sei. Ich war etwas entmutigt und frustriert, denn dieses kleine Mädchen erwartete von mir Hilfe, die ich aber nicht einlösen konnte. Als ich vom Ansatz des Fähigkeitsdenkens erfuhr, kam mir das wie gerufen. Ich habe immer versucht, Kindern zu helfen, aber es mangelte mir an Kompetenz, wie man dabei am besten vorgeht. Nachdem ich an einem Workshop zu dem Thema teilgenommen hatte, war ich ganz begeistert, dass ich mit dieser Methode den Kindern helfen könnte, eine Fähigkeit zu erlernen, die sie nicht nur in der aktuellen Situation brauchen können, sondern von der sie ihr Leben lang profitieren würden.

Anfangs war ich etwas unsicher, ob ich alles richtig mache, ich näherte mich der Methode also tastend Schritt für Schritt. Die Materialien, die ich in dem Workshop bekommen hatte – ein Poster mit den verschiedenen Schritten, eine App auf meinem Smartphone und ein Buch über die Methode – halfen mir, mehr Sicherheit zu gewinnen, und schließlich hatte ich genug Mut, Emmas Problem damit direkt anzupacken. Da sie mich wirklich gern mochte – und ich sie auch –, wusste ich, dass sie bestimmt auf meinen Vorschlag eingehen würde.

Emma wirkte schon ziemlich reif. Ich erzählte ihr von den Ideen, die ich in dem Workshop vermittelt bekommen hatte, und erklärte ihr, dass ich das Gelernte gerne bei ihr ausprobieren würde, um ihr in Bezug auf das Mobbing zu helfen. Sie stellte sich als meine erste Testperson zur Verfügung. Auf diese Weise hatte sie das Gefühl, mir zu helfen. Die Freude in ihrem Gesicht und ihre Begeisterung zeigten mir, dass es die richtige Entscheidung war. Schon allein die Vorstellung, dass sie einem Erwachsenen einen Gefallen tat, machte sie ein bisschen selbstbewusster.

Ich sprach dann mit Emma darüber, von welcher neuen Fähigkeit sie profitieren könnte:

»Emma, erzähl mir doch mal, was du an der Schule gerne magst.«

»Ich mag meine Freunde, ich rede gerne mit denen. Wir lachen über lustige Sachen. Und ich freue mich auch, wenn ich Sie sehe.«

»Und welche Dinge magst du an der Schule nicht?«

»Ich hasse alle gemeinen Leute. Es gibt ziemlich viele fiese Schüler an dieser Schule.«

»Kannst du mir erklären, was du unter fiesen Schülern verstehst?«

»Die, die gemeine Sachen zu mir sagen, zum Beispiel nennen sie mich ›hässlich‹, ›fett‹, ›schwabbelig‹ oder sagen ›du Schlampe‹. Sie fragen mich immer, warum ich so komisch spreche. Und warum mein Hals so dreckig ist. Und ob ich mich wasche oder warum ich andauernd esse.«

»Was macht das mit dir?«

»Ich hasse es. Ich möchte denen am liebsten eins reinwürgen. Manchmal macht es mich so fertig, dass ich niemanden um mich haben will und gar nicht in die Schule kommen möchte. Dann hasse ich auch mein Aussehen. Manchmal heule ich einfach nur und verkrieche mich. Ich komm dann nicht mal zum Essen aus dem Zimmer.«

»Emma, was glaubst du, welche Fähigkeit du lernen könntest, damit es dich nicht mehr so fertigmacht, wenn die anderen abfällige Bemerkungen machen?«

»Ich wünschte, ich wäre taub.«

»Glaubst du wirklich, dass das so schön wäre? Stell dir mal vor, wie das dann wäre: Du könntest nie mehr Musik hören, und du magst doch Musik so gerne.«

»Ja, stimmt, das wäre schrecklich. Vielleicht wäre es besser, ich wäre unsichtbar?«

»Na ja, das wird sich ja wohl realistischerweise kaum machen lassen. Ich glaube, wir müssen eine Fähigkeit finden, die man sich auch wirklich aneignen kann.«

»Wie wäre es, wenn ich so tun würde, als hätte ich einen unsichtbaren Schutzschild um mich herum?«

»Das klingt gut. Was würde dir dieser unsichtbare Schutzschild bringen?«

»Jedes Mal, wenn einer was Gemeines zu mir sagt, könnte ich so tun, als hätte ich diesen Schutzschild um mich herum. Er würde verhindern, dass die Worte bis an mein Herz rankommen – wie ein magisches Kraftfeld.«

»Wow! Das klingt großartig. Emma, ich glaube, du solltest dir einen Namen für diese Superkraft ausdenken. Wie sollen wir sie nennen?«

»Keine Ahnung.«

»Denk mal an einen Begriff oder eine Sache, die du sehr gerne magst. Für mich ist zum Beispiel ›Ziege‹ ein Lieblingswort. Ich liebe Bergziegen, weil sie auf die höchsten und steilsten Berge klettern können. Sie haben so kleine Klauen, auf denen sie trotzdem gut laufen und balancieren können. Wenn man sich das anguckt, hält man es kaum für möglich. Daran denke ich oft, wenn sich Dinge mal unmöglich anfühlen. Wenn man den Mut aufbringt dranzubleiben, kann man es doch schaffen. Nelson Mandela hat gesagt: ›Es erscheint immer unmöglich, bis jemand es getan hat.‹«

»Mein Lieblingswort ist ›kostbar‹[6]. Ich liebe dieses Wort!«

»Großartig! Das ist ein wunderbares Wort, denn du bist auch ein kostbarer Mensch. Was glaubst du, wie dir diese Fähigkeit helfen könnte?«

»Ich glaube, ich wäre dann nicht mehr andauernd so traurig und fertig.«

»Das wäre wirklich schön. Du hast so ein schönes Lächeln, und es wäre einfach wunderbar, wenn nicht nur ich, sondern auch alle anderen dich öfters lachen sehen könnten. Wie sieht's mit einer Feier aus? Erfolge soll man feiern. Was könnten wir machen, um zu feiern, wenn du deine Fähigkeit gelernt hast?«

»Ich liebe Musik und tanzen. Wir können eine Party machen. Aber ich würde auch gerne zum Grab meiner Oma gehen, um es ihr zu erzählen.« (Dabei fing Emma an zu schluchzen.)

»Das klingt wirklich sehr besonders. Darf ich dich fragen, warum ausgerechnet deine Oma?«

»Meine Oma hat sich immer um mich gekümmert und mir Mut gemacht. Ich glaube, dass es für sie traurig ist, immer mitanzusehen,

6 »Precious« im englischen Original (Anm. d. Ü.).

dass ich so fertig und wütend bin. Ich glaube, es wird sie glücklich machen, wenn es mir auch wieder gut geht.«

»Es wird für dich bestimmt nicht immer einfach, deinen Schutzschild anzulegen, und ich bin nicht immer an deiner Seite. Gibt es ein Krafttier oder einen besonderen Helden, den du in Gedanken immer bei dir hast, damit er dir helfen kann?«

»Ich mag solche Superhelden nicht besonders. Aber ich liebe Elefanten.«

»Dann könntest du doch eine Elefantendame als Krafttier haben, was hältst du davon?«

»Ja, das wäre toll. Es könnte eine Regenbogenelefantin sein, denn ich liebe Regenbögen, und sie soll ›Kostbar‹ heißen.« (Emma jauchzte jetzt vor Begeisterung.)

»Das ist eine super Idee! Jetzt müssen wir nur noch überlegen, welches Zeichen wir Kostbar geben können, wenn du merkst, dass sie dir helfen und deinen Schutzschild aktivieren muss.«

»Ich tue so, als würde sie den ganzen Tag auf meiner Schulter sitzen, und wann immer ich ihr ein Zeichen gebe, legt sie den Schutzschild an.«

»Wie sollen wir ihr das signalisieren?«

Emma machte mit ihren Fingern eine unauffällige Geste, ein horizontales Friedenszeichen.

»Wenn einem bei einem Wettrennen langsam die Kraft ausgeht, ist es schön, ein paar Helfer zu haben, die einen anfeuern. Das gibt einem Kraft und Mut durchzuhalten. Wen könntest du dir als Helfer vorstellen?«

»Sie!«

»Wunderbar. Wen noch?«

»Amelie, die ist meine beste Freundin, und sie hält immer zu mir.«

»Prima! Es ist immer gut, zuverlässige Freunde zu haben, die einen wirklich mögen. Lass uns Amelie dazuholen.«

Emma ging raus, um Amelie zu suchen. Ich war richtig euphorisch, denn als sie mit Amelie zurückkam, grinste sie fröhlich. Emma erklärte ihrer Freundin dann das Ganze. Ich musste überhaupt nichts sagen. Sie erzählte ihr, wie schlimm es für sie sei, dass sie geärgert wird, und über die Fähigkeit namens Kostbar und die Regenbogenelefantin, die sie von nun an immer als Helferin bei sich haben würde. Dann erklärte ich Amelie, dass sie ihr immer, wenn sie das Gefühl habe, Emma müsse an ihre Fähigkeit denken, ein geheimes Zeichen geben solle. Emma zeigte ihr das liegende Friedenszeichen.

Ich bat die beiden dann, dass wir uns zwei Tage später wieder treffen, um zu sehen, wie es klappt.

In den folgenden zwei Tagen beobachtete ich Emma unauffällig aus einiger Entfernung. Sie liebte ihre neue Fähigkeit, und es war wirklich berührend, wie sie und Amelie sich gegenseitig das geheime Zeichen gaben. Und ich merkte, dass Emma ein bisschen häufiger lächelte als sonst. Wenn sie mir im Flur begegnete, machte sie auch die Geste. Ich glaube, es gefiel ihr sehr, dass wir eine heimliche Vereinbarung hatten. Am übernächsten Tag setzte ich mich wieder mit den beiden Mädchen zusammen. Emma sah schon deutlich gelöster aus als zuvor. Als ich sie fragte, wie es mit dem Üben ihrer neuen Fähigkeit klappt, kicherte sie und sagte: »Gut.«

Da schaltete sich Amelie ein und sagte, obwohl Emma ihre Fähigkeit übte, müsse sie sie noch ziemlich häufig daran erinnern. Ich entgegnete: »Das ist ja das, wofür wir dich brauchen und warum du dabei so eine wichtige Rolle spielst. Schließlich ist doch noch kein Meister vom Himmel gefallen.«

Emma verriet uns dann noch, dass sie auch Lena die Kostbar-Fähigkeit beigebracht habe und dass die beiden sich gegenseitig unterstützten. Sie machten beide die geheime Geste, wenn sie das Gefühl hatten, den anderen erinnern zu müssen.

Ich fragte Emma, ob sie noch mehr Helfer bräuchte. Das schien ihr zuzusagen, also überlegten wir, wen sie gerne noch mit dazunehmen würde. Sie nannte Jule. Ich fragte sie nach dem Grund. Sie antwortete, dass Jule ihrer Meinung nach die Fähigkeit auch lernen müsste, weil sie immer traurig wirke und sich außerdem die Arme ritze.

Diese Information alarmierte mich natürlich, und ich berichtete der Schulkrankenschwester von dem Problem. Diese kümmerte sich dann darum. Ich wollte Emma nicht zeigen, wie sehr mich ihre Enthüllung beunruhigte. Ich dankte ihr einfach nur, dass sie mir davon erzählt hatte, sodass ich Jule die nötige Hilfe zukommen lassen konnte.

Wir holten Jule in unsere Runde und erzählten ihr von der Fähigkeit, an der Emma arbeitete. Und wir erklärten ihr, wie sie Emma dabei in ihrer Rolle als Helferin unterstützen konnte. Emma war ganz erpicht darauf, Jule ihre Fähigkeit auch beizubringen. Sie hatte etwas gefunden, das ihr Selbstbewusstsein stärken konnte.

In der folgenden Woche beobachtete ich Emma und gab ihr immer wieder mal das geheime Zeichen, wenn ich es für nötig hielt. Ich hatte den Eindruck, dass unsere Verbindung von Tag zu Tag stabiler wurde. Ich konnte zusehen, wie sie immer zuversichtlicher und fröhlicher wurde.

Ich sprach Emma häufig darauf an, ob ich ihre Eltern über unser Projekt informieren könnte, aber sie war strikt dagegen, dass sie einbezogen werden. Ich versuchte, sie zu überreden, aber sie erklärte mir dann, ihre Mutter sei zu beschäftigt und würde sich ohnehin nicht dafür interessieren. Wohl oder übel respektierte ich ihren Wunsch. Emma wollte auch nicht, dass andere Lehrer davon erfahren, auch daran hielt ich mich.

Nach weiteren zwei Wochen hatten wir alle – die zwei Helfer und ich – den Eindruck, dass Emma ihre Fähigkeit beherrschte und es an der Zeit war, die Feier zu planen. Wir vereinbarten einen Termin Ende der Woche, und ich veranlasste, dass die drei Mädchen für zwei Schulstunden vom Unterricht befreit wurden. Ich kaufte ein paar Snacks und Getränke, und wir feierten und tanzten miteinander. Aber vor dem Tanzen gab es eine kleine Zeremonie, bei der Emma ihren beiden Helferinnen dankte und an jede der beiden ein paar Worte richtete. Sie dankte auch mir so überschwänglich, dass mir die Tränen kamen. Auch die beiden Helferinnen hielten eine kleine Rede, in der sie zum Ausdruck brachten, wie stolz sie auf Emma waren und dass es sie sehr gefreut hatte, ihre Freundin wieder fröhlicher und lebhafter zu sehen.

Während der Feier eröffnete mir Emma, dass sie ihrer Mutter von unserem Projekt und der Fähigkeit erzählt hatte. Die Mutter hatte ihr versprochen, dass sie mit ihr in den Sommerferien zum Grab der Großmutter fahren würde, damit Emma ihrer Oma berichten konnte, was sie gelernt hatte. Emma wollte, dass ihre Mutter sie vor dem Grab ihrer Oma fotografiert. Dieses Foto wollte sie mir dann schicken.

Ich fragte, welche Fähigkeit sie sich als Nächstes vornehmen wolle, und sie antwortete, sie müsse lernen, wie man einer Situation etwas Gutes abgewinnen könne und eine so positive Sicht der Dinge entwickeln könne, wie ich sie habe. Ich fühlte mich natürlich geehrt.

Emma machte in kurzer Zeit große Fortschritte. Ich hätte gerne noch mehr Zeit für sie gehabt. Das Schuljahr neigt sich nun dem Ende zu, und sie kommt im nächsten Jahr auf die Oberschule. Ich bin zuversichtlich, dass sie das Fähigkeitsdenken weiter einsetzen wird. Ich hatte das Poster, das wir für ihr Projekt erstellt hatten, kopiert und ihr gegeben. Sie hat sich sehr darüber gefreut und gesagt, dass sie es ihren Freundinnen zeigen wolle.

Inzwischen habe ich einen ähnlichen Ansatz bei drei weiteren Kindern ausprobiert, und ich habe den Eindruck, ich werde mit jedem Mal ein bisschen besser darin.

Anhang

Faltanleitung für ein Himmel-oder-Hölle-Spiel

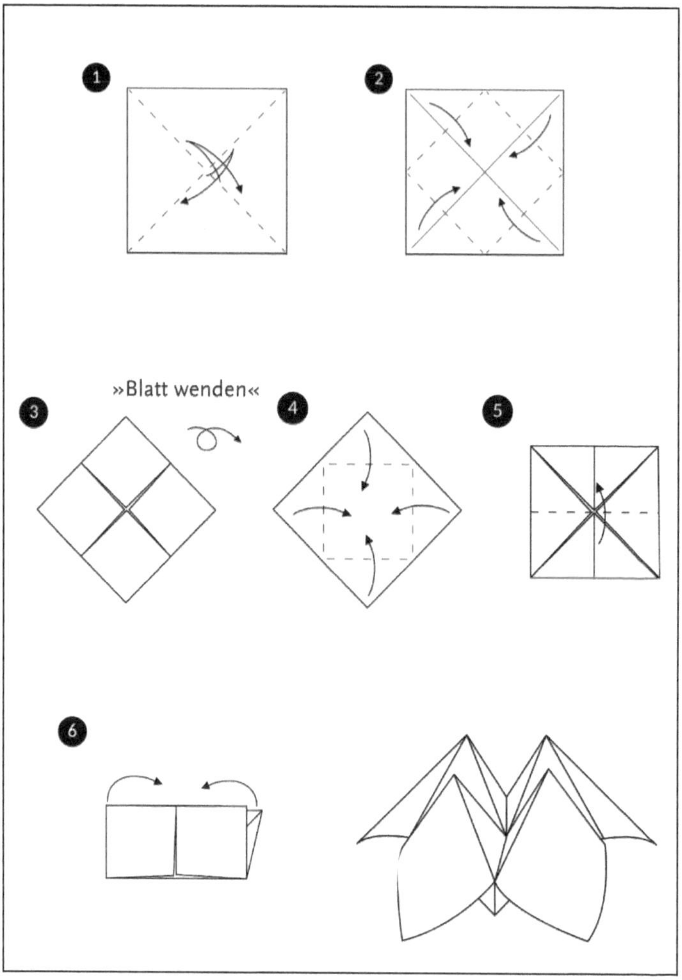

Literatur und weiterführende Informationen

Für den Zugriff auf die unten genannten Links empfehle ich Ihnen, das Onlinematerial zum Buch aufzurufen. Dort können Sie diese und viele weitere Links direkt öffnen.

Scannen Sie bitte diesen QR-Code, um Zugang zum Onlinematerial zu bekommen:

https://courses.benfurman.com/enroll/2757755?price_id=3583881

Kapitel 1

Brown, E., E. Powell a. A. Clark (2012): Working on what works: working with teachers to improve classroom behaviour and relationships. *Educational psychology in practice* 28 (1): 19–30.

Shuanghong, J. a. H. Niemi (2020): Teachers support of students' social-emotional and self-management skills using a solution-focused skilful class method. *The European Journal of social & behavioural sciences* 27 (1): 54–73. Verfügbar unter: https://www.europeanpublisher.com/en/article/10.15405/ejsbs.269 [24.4.2024].

Meisterklasse-Karten und Manual: https://www.ressourcenkram.de/shop/meisterklasse-karten/

Ein Film über zwei Schulen, die sich durch den *Nurtured-heart*-Ansatz verändert haben: Nurtured Heart Institute (2022): A Better Way. The Nurtured Heart Approach. Verfügbar unter: https://youtu.be/T7wEJUhGe34 [24.4.2024].

Eine Sammlung von Quellen über *Nurtured heart*: https://nurturedheartinstitute.com/resources/

Glasser H. a. J. Easley (2023): Transforming the difficult child: The nurtured heart approach [Hörbuch]. Nurtured Heart Publications. Nashville, TN (Vaughan).

Nurtured-heart-Website in der Schweiz: https://www.nurturedheartapproach.ch/

Kapitel 2 und 3

Eine Sammlung von Selbsthilfe-Apps auf Deutsch: www.benfurman.com/selfhelper

Wie man mit Kindern und Jugendlichen über ihr Verhalten in der Schule sprechen kann: Furman, B. (2013): The solution-focused teacher [Video, dt. Untertitel einstellbar]. Verfügbar unter: https://youtu.be/NLyXgD38bJo [24.4.2024].

Furman, B. (2017): Interview with Professor John Murphy [Video, dt. Untertitel einstellbar]. Verfügbar unter: https://youtu.be/5J_W_NNEmKE [24.4.2024].

Kapitel 4

Berg, I. K. u. L. Shilts (2009): Einfach KLASSE. WOWW-Coaching in der Schule. Dortmund (Borgmann Media).

Einführung in die Kreismethode zum Interviewen, die Arnoud Huibers entwickelt hat: Solution Focused Online Academy (2019): Solution-focused circle technique [Video, dt. Untertitel einstellbar]. Verfügbar unter: https://youtu.be/8QWcdQZXMmg [24.4.2024].

Omer, H. u. R. Haller (2019): Raus aus der Ohnmacht. Das Konzept Neue Autorität für die schulische Praxis. Göttingen (Vandenhoeck & Ruprecht).

Kapitel 5

Die Stufen der Verantwortung, Website: https://www.kidsskills.org/German/verantwortung/

Ein kurzes Youtube-Video mit deutschen Untertiteln, in dem ich Schülern erzähle, was es bedeutet, Verantwortung zu übernehmen: Furman, B. (2011): Steps of Responsibility [Video, dt. Untertitel einstellbar]. Verfügbar unter: https://youtu.be/dGX7B64TM8s [24.4.2024].

Sorry letter – Entschuldigungsbrief. Eine kostenlose Anwendung im Internet, mit der Kinder und Erwachsene Entschuldigungsbriefe erstellen können: https://www.kidsskills.org/english/responsibility/sorry_letter_ger/index.htm

Kapitel 6

Young, S. (2015): Lösungsfokussierte Schule. Jenseits von Anti-Mobbing. Bad Homburg (Solutions Academy).

Ein Youtube-Video, in dem Sue Young über den Ansatz der Peer-Unterstützergruppen spricht: Young, S. (2023): Sue Young kertoo kannustusryhmämenetelmästä [Video, dt. Untertitel einstellbar]. Verfügbar unter: https://youtu.be/F6UUTGsaicY [24.4.2024].

Ein Youtube-Video, in dem Katrin Berger, eine deutsche Schulberaterin, über Ihre Erfahrungen mit dem Unterstützergruppen-Ansatz spricht:

Berger, K. M. [2022]: Solution-focused prevention [Video, dt. Untertitel einstellbar]. Verfügbar unter: https://t.ly/VSOar [24.4.2024].

Kapitel 7

Furman, B. (2019): »I'm not going, you can't make me!« A community approach to school refusal. Verfügbar unter: https://www.madinamerica.com/2019/02/community-approach-school-refusal/ [24.4.2024].

Omer, H., I. Schorr-Sapir u. R. Efron (2016): Behandlungsprotokoll für Schulverweigerung. In: C. A. Rexroth u. T. Lustig (Hrsg.): Schulvermeidung: Frühzeitg – interdisziplinär – gesamtgesellschaftlich. Göttingen (V&R unipress), S. 33–58. Kapitel verfügbar unter: https://www.systemisches-institut.de/pdf/SchulvermeidungPDF.pdf [24.4.2024].

Ein Artikel zum Download, in dem es darum geht, wie man den gewaltfreien Widerstand einsetzen kann, um Schulvermeider wieder zum Schulbesuch zu bewegen: Schorr-Sapir, I.: School refusal. Verfügbar unter: http://www.nvrschool.com/Files/A111.pdf [24.4.2024].

Kapitel 8

Dweck, C. (2017): Selbstbild. Wie unser Denken Erfolge oder Niederlagen bewirkt. Müchen (Piper).

Kapitel 9

Dweck, C. (2017): Selbstbild. Wie unser Denken Erfolge oder Niederlagen bewirkt. Müchen (Piper).

Dweck, C. (2014): Der Glaube an die eigene Lernfähigkeit. TED-talk [Video mit dt. Untertiteln]. Verfügbar unter: https://youtu.be/_XomgOOSpLU [24.4.2024].

»Learn to love your mistakes.« New approach to the early music pedagogy. An interview with music teacher Pirkko Simojoki. Musicians' Health and Performance Conference, 14.6.2028, Helsinki. Verfügbar unter: https://youtu.be/DUJzkKFU7DQ [24.4.2024].

Allgemeine Literatur

Dies ist eine kurze Liste von Büchern über den lösungsfokussierten Ansatz im Schulsetting, deren Lektüre ich Ihnen empfehlen möchte.

Furman, B.: Onlinekurse der Kids'Skills Academy auf Englisch: www.kidsskillsacademy.com.

Furman, B. (2021): »Ich schaffs!« in Aktion. Das Motivationsprogramm für Kinder in Fallbeispielen. Heidelberg (Carl-Auer).

Furman, B. (2023): Hey, das kannst du! Wie Fähigkeitsdenken Kindern hilft, Herausforderungen zu meistern. Heidelberg (Carl-Auer).

Hegeman, T. u. B. Dissertori Psenner (2018): »Ich schaffs!« in der Schule. Das lösungsfokussierte 15-Schritte-Programm für den schulischen Alltag. Heidelberg (Carl-Auer).

Metcalf, L. (2021): Counseling towards solutions: A practical, solution-focused program for working with students, teachers and parents. London (Routledge).

Murphy, J. (2022): Solution-focused counseling in schools. Alexandria, Va. (American Counseling Association), 4th ed.

Ratner, H. a. D. Yusuf (2015): Brief coaching with children and young people. London (Routledge).

Winslade, J. a. M. Williams (2011): Safe and peaceful schools: addressing conflict and eliminating violence. Thousand Oaks (Corwin).

Über den Autor

Ben Furman, Dr., Psychiater und Psychotherapeut, ist Mitbegründer des Helsinki Brief Therapy Institute. Er ist anerkannter Experte für lösungsfokussierte Therapie, Beratung und Pädagogik und entwickelte das lösungsfokussierte Lern- und Arbeitsprogramm *Ich schaff's!*

Veröffentlichungen u. a.: »*Ich schaffs! Spielerisch und praktisch Lösungen mit Kindern finden – Das 15-Schritte-Programm für Eltern, Erzieher und Therapeuten*« (10. Aufl. 2024), »*Gut gemacht! Das ›Ich-schaffs!‹-Programm für Eltern und andere Erzieher*« (4. Aufl. 2021), »*Es ist nie zu spät, erfolgreich zu sein*« (zus. mit Tapani Ahola, 3. Aufl. 2021), »*Twin Star – Lösungen vom anderen Stern*« (zus. mit Tapani Ahola, 6. Aufl. 2023), »*Jetzt gehts! Erfolg und Lebensfreude mit lösungsorientiertem Selbstcoaching*« (zus. mit Rolf Reinlaßöder, 2. Aufl. 2013), »*Hey, das kannst du! Wie Fähigkeitsdenken Kindern hilft, Herausforderungen zu meistern*« (2023).